DE LA MOBILISATION DU FAIT À LA RÉALISATION DU DROIT

Droit privé et sciences criminelles

Créée fin 2011 par Yves Strickler et le Centre d'études et de recherches en droit privé de la Faculté de droit et science politique de Nice, la présente collection a pour vocation principale de publier des ouvrages en liaison avec le thème retenu pour dénomination de la collection. Cette dernière rassemble des recherches originales, tirées notamment de travaux de recherche, de manifestations scientifiques ainsi que d'ouvrages collectifs sur les interrogations actuelles que rencontre la science juridique, spécialement dans le domaine du droit privé et des sciences criminelles.

Dernières parutions

Fabienne GHELFI (dir.), *Le droit de l'exécution des peines. Espoirs ou désillusions ?*, 2014.

Marc MIGNOT et Jérôme LASSERRE CAPDEVILLE, *Le Paiement*, 2014.

Denys MAS, *Le vice de procédure, Réflexions désordonnées d'un artisan du droit sur l'article 2241*, 2014.

Yves STRICKLER (textes réunis par), *Variations juridiques et politiques. Clés pour la compréhension du monde contemporain*, 2013.

Sylvana PARADISO, *Les infractions de harcèlement*, 2013.

Yves STRICKLER et Fabrice SIIRIANEN (sous la dir. de ; textes réunis par Yves Strickler), *Volonté et biens. Regards croisés*, 2013.

Christine COURTIN (dir.), *La réforme de la garde à vue*, 2013.

DE LA MOBILISATION DU FAIT À LA RÉALISATION DU DROIT

Sous la responsabilité scientifique de

Maxime LEI

Doctorant contractuel en droit public à l'Université de Toulon,
Centre d'Études et de Recherches sur les Contentieux

et

Loïc YBOUD

Doctorant en droit privé à l'Université de Toulon,
Attaché Temporaire d'Enseignement et de Recherche
à l'Université de Toulon,
Centre d'Études et de Recherches sur les Contentieux

Avec le soutien financier

du Centre d'Études et de Recherches sur les Contentieux

de l'Université de Toulon

et de l'Association *JurisClub Toulonnais*

L'Harmattan

5-7, rue de l'École-Polytechnique - 75005 Paris
www.harmattan.fr
diffusion.harmattan@wanadoo.fr
ISBN : 978-2-343-09829-6
EAN : 9782343098296

Sommaire

Liste des auteurs

Pascal RICHARD

Directeur du Centre d'Études et de Recherches sur les Contentieux – Université de Toulon

Jean-Christophe RODA

Professeur à l'Université de Toulon

Jean-Jacques SUEUR

Professeur émérite de droit public à l'Université de Toulon

Yves STRICKLER

Professeur à l'Université Nice Sophia Antipolis

Pauline CHARLES

Attachée Temporaire d'Enseignement et de Recherche à l'Université Lumière Lyon 2

Laurent JOURDAA

Docteur en droit public, Université de Toulon

Daniel CHABANOL

Conseiller d'État honoraire

Jean-Louis GILLET

Président honoraire de la deuxième Chambre civile de la Cour de cassation

Loïc YBOUD

Attaché Temporaire d'Enseignement et de Recherche à l'Université de Toulon

Bahaa BOUKHDOUD

Attaché Temporaire d'Enseignement et de Recherche à l'Université de Toulon

Alexis LE QUINIO

Maître de conférences à l'Université de Toulon

Maxime LEI

Doctorant contractuel à l'Université de Toulon

Jean-Louis BERGEL

Professeur émérite à l'Université d'Aix-Marseille

Avant-Propos

« Nos passions sont la végétation qui recouvre à chaque instant les roches nues de la réalité »

F. Nietzsche

Rédiger un « avant-propos » apparait toujours comme l'un des plus précieux cadeaux que peut accorder la vie universitaire. Un cadeau, certes, mais également une entreprise infiniment délicate. Le cadeau est d'évidence. Il m'offre ainsi la possibilité de remercier les doctorants du Centre d'Études et de Recherches sur les Contentieux qui avec patience courage et une détermination absolue participent au développement et aux succès de ce centre. Un centre de recherches n'est rien sans cette forme d'abnégation qui fait que des personnes provenant de mondes différents et d'horizons divers s'attachent ensemble à construire, au-delà des vicissitudes de la vie universitaire, un espace commun et à l'habiter. Les liens qu'ils tissent entre eux permettent non seulement d'habiter un espace mais d'engendrer un lieu. On sait, conformément à la pensée du philosophe qu'habiter c'est finalement dégager - ou révéler - un espace existentiel : « Le rapport de l'homme à des lieux et, par des lieux, à des espaces réside dans l'habitation. La relation de l'homme et de l'espace n'est rien d'autre que l'habitation pensée dans son être »[1]. Les doctorants du CERC manifestent une culture juridique évidente - et s'attachent à elle avec gourmandise - ;cependant ils cultivent également cette intelligence du cœur sans laquelle rien de vraiment durable ne peut être engendré.
Au-delà du cadeau reste le défi… Les organisateurs de cette journée d'études et de la publication qui va naitre de cette dernière se sont attaqués à une thématique essentielle. Les relations qui s'établissent entre la mobilisation des faits et la réalisation du droit participent ainsi à la compréhension de concepts clés propres au domaine juridique. Certes, la thématique est classique, néanmoins, sa richesse permet toujours – dès lors que l'on est curieux – de réinvestir et de déployer de nouvelles potentialités. La curiosité et la volonté de « penser pleinement » font partie de l'ADN même des organisateurs et l'écueil

[1] M.Heidegger, « Bâtir habiter penser », in *Essais et conférences*, Paris, Gallimard, 1958.

a ainsi été aisément évité. Partant, ils sont parvenus à faire naitre des interrogations passionnantes et à susciter des débats très riches…
Qu'il nous soit permis de retracer, très rapidement, le cadre théorique de cette question essentielle des relations entre la mobilisation des faits et la réalisation du droit. Il est devenu classique désormais d'appréhender le droit à partir d'une approche philosophique et analytique et de rapprocher ainsi la science du droit et le langage : ce qui place sous une lumière spécifique ces questions tenant au réel – ou à la réalité – et à sa traduction juridique[2]. Conformément à cette perspective, le droit peut être utilement abordé à partir d'une approche syntaxique, sémantique ou pragmatique.En effet, si la syntaxe concerne la relation du signe à l'égard d'autres signes et la pragmatique la question du signe dans sa relation avec l'interprète [et donc au regard d'une mobilisation du langage afin de parvenir à un résultat] la sémantique, quant à elle, appréhende la relation du signe au regard de ce qui est désigné [*designata*] : il s'agit, dès lors, de s'attacher à cette approche logique qui traite des relations entre les signifiants et les objets. En ce sens, les relations qui se tissent entre le droit et les faits concernent plus spécifiquement les aspects sémantiques ou empiriques et pragmatiques de cette approche théorique : c'est-à-dire la question de l'objet sur lequel porte le droit et de l'utilité de ce dernier.
Il s'agit avec la sémantique (à laquelle nous allons principalement nous attacher dans cet avant-propos) de rendre compte de cette partie de la théorie qui examine le contenu empirique et informatif de la théorie au regard du droit positif.
En ce sens, la question propre à la théorie du droit, dans cette perspective sémantique, va devenir la suivante : à quels objets s'appliquent les concepts de la théorie du droit ? Trois registres peuvent être ainsi identifiés : le discours juridique peut porter sur l'interprétation des comportements régulés par des normes ; il peut également s'attacher à l'analyse des normes juridiques ; enfin, il peut concerner les jugements qui concernent le droit. Ce questionnement

[2] Pour un texte emblématique de cette orientation N. Bobbio« Scienzadeldiritto e analisidellinguaggio », in Scarpelli U., *Diritto e analisidellinguaggio*, Ed di comunita, Milano 1976 pp. 287-324 ;également l'ouvrage remarquable de R. Guastini, *Il diritto come linguaggio*, Giappichelli, Torino, 2001 s'agissant de la première édition.

véhiculé par la sémantique permet ainsi de synthétiser les réflexions qui se manifestent dans les domaines de la « sociologie juridique », de la « philosophie juridique » et de la « dogmatique juridique ». Au-delà de la philosophie et des jugements de valeur, la sémantique offre ainsi de penser deux conceptions opposées du droit : le droit comme normes et le droit comme faits.
On comprend qu'il s'agit, également, de rendre compte de deux traditions juridiques que généralement on appréhende comme antithétiques : le normativisme et le réalisme juridique. Cette séparation entre « le droit comme fait » et « le droit comme normes » a suscité, en ce sens, l'objet d'une célèbre controverse entre Kelsen et Ehrlich au début du siècle précédent.
Il était donc particulièrement courageux et audacieux pour les organisateurs de s'attaquer à cette dialectique qui s'établit entre les faits et le droit [entre la réalité et sa traduction ou sa représentation juridique] et ceci dès lors que finalement cette question démontre les faillites communes des tentatives normativistes et des approches réalistes.

Ces questions font apparaitre ce que le professeur L. Ferrajoli[3] présente comme un « écart déontique » entre divers concepts juridiques... L'écart entre la « validité » et « l'effectivité » qui exprime ainsi un décalage entre le droit et la réalité ; entre le « devoir être juridique » et l'expérience juridique concrète et oppose « le droit en vigueur » et « le droit vivant ». L'écart entre validité et justice qui manifeste, quant à lui, la distance entre un « devoir être externe » (éthique ou politique) du droit et « l'être du système juridique » dans son ensemble. Enfin, se présente également un ultime écart existe entre « validité » et « mise en vigueur » [*vigore*] du droit. Ce dernier point reste peut-être le plus essentiel car il se manifeste à l'intérieur même de la structure juridique. On la retrouve, par exemple, dans le cadre constitutionnel entre le « devoir être constitutionnel » et « l'être législatif ».

On le constate l'ambition était grande. Force est de constater à la lecture de cet ouvrage passionnant que le pari est clairement gagné et

[3]L. Ferrajoli, *PrincipiaIuris*, 3 volumes. Bari, Laterza. 2007.

que ce texte ne manquera pas à l'aube de la carrière de ses auteurs de tenir toutes ses promesses.

Pascal Richard
Directeur du Centre d'Études et de Recherches sur les Contentieux (CERC)

Préface

« De la mobilisation du fait à la réalisation du droit » : le thème choisi évoque inévitablement la délicate mission du juriste qui, confronté à la réalité humaine et sociale de son métier, doit comprendre et faire parler ce qu'il observe (ou, souvent, ce qu'on lui rapporte) pour le besoin de sa pratique ou de ses analyses. Ce qu'observe le juriste, directement ou travers les allégations des parties, des témoins, des tiers, des experts, etc., ce sont les faits. Il s'agit alors pour le juriste de traduire cette réalité pour la faire passer dans le monde du droit. On songe immédiatement à l'opération intellectuelle essentielle de qualification juridique qui consiste à faire entrer le fait dans une catégorie juridique préexistante. L'exercice pourrait paraître simple, tant les étudiants en droit sont habitués, dès la première année, à s'entraîner à cette opération. Quiconque a déjà pratiqué sait, en réalité, combien l'exercice est l'un des plus difficiles à réaliser pour le juriste. Il faut non seulement comprendre les faits, mais il faut aussi les trier car, dans le sens le plus large, le fait est « tout ce qui arrive, tout ce qui se produit, tout événement – qu'il s'agisse d'un phénomène physique, social, individuel »[1]. L'on entend alors souvent qu'il ne faut retenir que les faits qui sont pertinents. Envisagé dans une optique contentieuse, il est inutile d'alléguer un fait « inopérant », « non concluant », inapte à convaincre[2]. Les parties doivent bien alléguer les faits, car sinon, ceux-ci pourraient être qualifiés de simples « adventices », pour reprendre la formule de Motulsky[3], et le juge ne serait être tenu de reprendre l'examen des conséquences juridiques de tous ces éléments factuel. Le passage du fait à la preuve ne va pas de soi. Tous les faits ne font pas des preuves et le Code de procédure civile distingue d'ailleurs les deux notions. Àces difficultés, viennent encore se greffer toutes celles liées à l'admissibilité de tel ou tel élément dans les débats ou celles concernant le secret. Il y a donc un tri à opérer parmi les éléments factuels, mais, lors cette opération,

---

[1] G. Cornu (Ass. H. Capitant), *Vocabulaire juridique,* PUF, coll. Quadrige, 2014, v° Fait (sens 1).
[2] P. Malaurie et P. Morvan, *Introduction au droit*, LGDJ/Lextenso, 5ème éd. 2014, n° 226.
[3] H. Motulsky, « La cause de la demande dans la délimitation de l'office du juge », *D.*, 1964, p. 235 et s.

il y a nécessairement une certaine dose de subjectivité, voire d'arbitraire, et l'on comprend, dès ce stade, toute la difficulté de la tâche du juriste confronté au fait.

Or, le sujet choisi par les coordonnateurs de cet ouvrage est beaucoup plus ambitieux que la simple thématique de la confrontation aux faits : il est question de la mobilisation du fait, c'est-à-dire de faire appel aux forces intellectuelles du juriste pour atteindre un résultat donné. Dans la perspective du procès, la question de la mobilisation du fait apparaît paradoxalement marquée par une certaine subjectivité car elle doit se résoudre dans le contexte d'un conflit, d'un affrontement de deux prétentions devant un juge qui révèle d'ailleurs l'individu en tant qu'être social, mais aussi comme agent même de la réalisation du droit[4]. Il y a évidemment un risque d'instrumentalisation des faits, voire de falsification, pour les besoin de la cause. Même en toute bonne foi, les faits peuvent être sujets à diverses interprétations, car ceux-ci peuvent être ambigus, fuyants ou avoir été mal répertoriés. Si le juge est censé faire la part des choses entre ces interprétations divergentes pour dire le droit (« *da mihi factum, dabitibi jus* »[5]) et résoudre le litige, il est souvent amené à prendre position sur une « version des faits », même s'il a la possibilité de se forger sa propre opinion en ordonnant des mesures d'instruction pour mieux s'informer. Nécessairement sujets à l'interprétation, les faits apparaissent alors rétifs à l'idée l'on s'en fait habituellement, c'est à dire que ceux-ci sont emprunts d'objectivité, qu'ils seraient presque toujours tenus pour réels[6]. Or, pour certains, « le fait est bien moins une constatation qu'une construction de l'esprit »[7]. Le lien entre la réalité et le fait, que l'on établissait presque instinctivement, apparaît soudainement un peu moins évident. Si l'on quitte le procès quelques instants, pour s'intéresser aux modes

[4] F. Terré, « Esquisse d'une sociologie des procès », *in* « Le procès », *Arch. Philo. Droit*, t. 39, Dalloz 1995, p. 279.

[5] Bien que l'on puisse se poser la question de savoir si les parties ne doivent pas désormais en plus donner le droit ! En ce sens, H. Croze, « Da mihi factum jusque », *Procédures*, n° 10, Octobre 2006, repère 9.

[6] A. Lalande, *Vocabulaire technique et critique de philosophie*, vol. 1, v° Fait, p. 338.

[7] L. Boisse, cité *in* A. Lalande, *op. cit.*, p. 339.

alternatifs de règlement des litiges, comme l'ont voulus les coordonnateurs du présent ouvrage, la complexité de la thématique choisie apparaît également. Lorsque les contestations se règlent à l'amiable, le risque d'une appréciation trop subjective est moins grand, même s'il ne disparaît sans doute pas totalement. A contrario, la question se pose de savoir si l'on peut convenir d'une définition commune des faits, qui serait légèrement différente de ce que l'on a pu observer sur le terrain. On sait, en ce sens, que le juge peut être lié par la qualification décidée par les parties, mais cela n'est pas non plus exactement la même problématique.

Si l'on en vient à la dernière étape du processus proposé, c'est à dire la réalisation du droit (ou des droits), c'est-à-dire l'accomplissement de la mission du juriste ou encore la mise en œuvre du droit (objectif ou des droits subjectifs), de nouvelles difficultés sont mises à jour. Que la réalisation du droit soit contentieuse ou non[8], la question rebondit inévitablement du côté de l'effectivité et de l'efficacité. En effet, la réalisation du droit se détermine en fonction d'un but affiché et, dans l'optique du processus juridictionnel ou quasi-juridictionnel, ce qui intéresse le juriste, c'est qu'une « bonne » justice soit rendue. Pour cela, on l'a vu, il faut que le juge dispose de moyens d'instruction ou de connaissance, même si les faits relèvent en principe de la sphère des parties. Le juge doit aujourd'hui intégrer de plus en plus souvent les faits économiques ou scientifiques à son raisonnement. Pour recueillir et interpréter ces éléments complexes, l'expertise savante est souvent nécessaire. Les faits doivent être traités, analysés et isolés abstraitement du tout complexe dont ils font parties. Même si le juge n'est pas, en théorie, lié par l'avis des experts, en pratique, il s'y conformera lorsque la matière est très technique. Le risque est celui d'un procès qui échappe aux juges. Le risque est aussi celui de l'élaboration d'un droit de plus en plus technique, avec la crainte de l'émergence d'un droit désincarné et sans valeur, telle que mise en avant par Oppetit[9]. Plus largement, la question des coûts et de leur répartition se pose avec une certaine acuité et l'on sait combien les autorités y sont sensibles actuellement. On le voit, les

---

8 P. Malinvaud, *Introduction à l'étude du droit*, Lexis Nexis, 14ème éd. 2013, n° 458 et s.

9 B. Oppetit, *Droit et modernité*, PUF 1998, p. 128.

interrogations soulevées par le sujet du présent ouvrage sont nombreuses. La richesse et la pertinence des analyses des auteurs dont les travaux sont ici réunis offrent de nombreuses réponses ou, à tout le moins, ouvrent de nombreuses pistes afin d'y répondre. En tout cas, c'est le vœu que nous formons.

Jean-Christophe Roda
Agrégé des Facultés de droit
Professeur à l'Université de Toulon

PROPOS INTRODUCTIFS

Le fait, le droit, la valeur

par *Jean-Jacques Sueur,*
Professeur émérite de droit public à l'Université de Toulon (UTLN),
Centre d'Études et de Recherches sur les Contentieux (CERC)
n°EA 3164

« Dans la dernière décennie, effort après effort,
ont été conduites de louables avancées vers la synthèse
des disciplines sociales, sous tous leurs aspects, hormis
en ce qui concerne l'intégration du matériau juridique à l'ensemble »[1]

Nous vivons une époque de fermeture et d'obscurantisme. Cela se traduit de diverses manières, que l'on observe chaque jour, au coin de la rue ou au détour d'un couloir. Nous ne sommes plus nous-mêmes, nous occidentaux, juristes ou pas, universitaires ou non. Nous devenons incompréhensibles à nous-mêmes, nous sommes perdus, et quand nous ne le sommes pas, on nous place en position de l'être, car pourquoi certains d'entre nous feraient-ils exception à la règle générale ? Soyons normaux dans l'anormalité ! Dans cet état d'errance et de banalisation absolues, nous avons de temps en temps des moments d'oubli : non-oubli de soi, mais oubli de notre propre perte – en redécouvrant des livres souvent anciens que nous n'avions en fait jamais oublié, en écoutant une musique que nous croyions connaître, ou en discutant – cela arrive encore – avec quelques semblables, jeunes ou moins jeunes, qui sont apparemment tout aussi perdus que nous, mais pas encore résignés à leur propre perte. Il arrive (deplus en plus rarement, mais cela arrive encore) que cela ait lieu dans l'université, et que devant l'accumulation des contraintes de toutes sortes qui sont mises là pour nous faire oublier notre propre oubli (des imprimés qu'il faut remplir pour attester que l'on existe, des réunions auxquelles il faut se rendre pour entériner ce qui a été décidé ailleurs, des hiérarchies étranges parce que rien ne les fonde sauf leur existence de hiérarchie, des mots nouveaux surtout qui petit à petit se substituent aux anciens : évaluation, expertise, galops

[1] K. N. LLewellyn ; E. AdamsonHoebel, *La voie Cheyenne*,Bruylant/LGDJ, 1999 (1ère éd. 1941), p.47.

d'essai, test,etc.), des initiatives rares, mais coordonnées, réfléchies viennent nous rappeler à l'ordre du monde dans lequel nous croyons encore : que des militants de l'égalité entre les hommes dénoncent les injustices (ou les scandales), que des esprits libres pointent non les horreurs du monde, mais l'accoutumance complice à celles-ci. « Qu'est-ce que nos principes naturels, sinon nos principes accoutumés ? »[2] : Pascal doit avoir raison contre tous ces silences, toutes ces accoutumances, lui qui parfois se montrait si obscur, si décalé, sans doute parce qu'il se savait « incompréhensible ». Il n'était pas normal.

Un groupe de doctorants attachés à élucider certains problèmes rencontrés à l'occasion de leurs recherches, y compris les plus fondamentaux c'est-à-dire les plus accoutumés, des problèmes sur lesquels les juristes se penchent depuis toujours en s'exposant, à la longue, à l'incrédulité moqueuse de leurs collègues plus raisonnables, voilà qui fait d'eux, et de ceux qui les écoutent et les prennent au sérieux, soit une association de contrebandiers, soit une preuve validée par le nombre des membres de cette association, que tout n'est pas perdu dans l'université normalisée d'aujourd'hui. Si comme nous le pensons, c'est la seconde réponse qui est la bonne, hâtons-nous de préciser à toutes fins utiles que ces doctorants sont eux-mêmes très raisonnables, absolument pas contestataires de l'ordre établi et que leur préoccupation, en organisant la rencontre qui va s'ouvrir, était ni plus du moins, de travailler ensemble sur un projet commun et au bénéfice de tous.

« De la mobilisation du fait à la réalisation du droit » : tout y est et c'est peu dire que le projet en question est amiteux. Comme il ne s'agit ici que de le présenter, d'en faire une brève analyse qui ne préjuge pas de celles qui vont suivre, mais que, d'autre part, sur un tel sujet – ou sur de tels sujets, car il y en a plusieurs en un – il est impossible de ne pas parler en son nom propre, même si c'est pour annoncer d'autres prises de position, de ne pas *dire ce que l'on pense*, voici quelques idées générales qui pourront peut-être aider le lecteur à ne pas céder lui-même aux pièges de l'accoutumance ou du sens commun.

---

[2] Pascal, *Pensées et Opuscules*, éd. Brunscvig, Hachette, p. 294.

Cette question du rapport du droit au fait, qui est la question du jour, est depuis toujours la question par excellence en philosophie du droit (avec celle du fondement, ou celle de la légitimité du droit, mais n'est-ce pas un peu la même chose ?). Elle est fondamentale parce qu'elle implique toutes sortes d'autres questions, à commencer par celle de la nature du droit et de sa fonction (I). Mais il est certain également qu'elle a assez considérablement changé de sens, ou plus exactement qu'elle est devenue plus visible, plus tangible de nos jours : elle recouvre désormais des réalités très concrètes et certains enjeux. C'est devenu une question politique. L'histoire contemporaine en effet a beaucoup compté dans ce changement de sens. Rien n'est plus significatif de ce point de vue que le phénomène connu sous le nom de *Renaissance du droit naturel* qui eut lieu dans l'Allemagne d'après-guerre et dont on peine en France à mesurer la portée[3]. Cette portée a été très grande et a dépassé les frontières de l'Allemagne divisée d'alors : elle a conduit à donner à la question du rapport du fait au droit ou mieux, à celle du fait et de la *valeur*, une autre dimension, une dimension qu'elle n'avait pas. Elle a permis de la réhabiliter. Bien entendu, de telles réhabilitations sont très relatives. Mais il n'en est pas moins vrai que nous sommes passés alors, en Europe – une Europe avant l'Europe – d'un certain positivisme de la règle de droit, assez réducteur (réducteur en particulier des deux termes en présence), à une conception unificatrice, qui n'exclut pas du tout à notre avis, un certain normativisme juridique, mais qui l'englobe au contraire, en conférant à cette question une dimension politique qu'elle n'avait absolument pas précédemment. Cette mutation importante autorise aussi, à notre avis, à poser autrement certaines questions de méthode comme celle de l'interdisciplinarité par exemple (II).

Nous allons donc nous y attacher, pour servir d'introduction à ce qui va suivre.

---

[3]En dépit des efforts plus ou moins concordants tentés en France et à l'étranger (en France notamment, pour des raisons historiques, la renaissance du droit naturel n'a pu avoir lieu, autrement que sous la forme d'une tentative de réhabilitation de la pensée thomistes, sous l'impulsion de M. Villey. Cf. par ex., *Seize essais de philosophie du droit, dont un essai sur la crise universitaire*, Dalloz, 1969).

I – Le droit, le fait, le réel

Une première remarque s'impose, c'est que cédant à la tentation transformiste àlaquelle il est difficile de résister, nos amis s'interrogent sur les étapes d'un parcours, du fait au droit : comment y va-t-on ? Par quel chemin ? Qui est le guide ? Quel est le passeur imaginaire entre ces deux mondes ? Y a-t-il une auberge où se restaurer ? Or tout est dans cette manière de poser la question. Ceci en est une, mais elle est de l'ordre de la *technique*, elle s'intéresse à la méthode pratique de réalisation du droit comme le faisaient d'ailleurs Motulsky et Gény avant lui : comment le droit se fait-il (sans jeu de mots) ? Cette question est importante, mais elle n'épuise pas le sujet. Nous ne sommes pas en train de dire que les deux auteurs que nous venons de citer sont « dans l'erreur ». Nous soutenons seulement qu'un autre point de vue est possible et que ce point de vue a notre préférence : il n'est pas possible en effet, selon nous, de poser cette question indépendamment d'une autre qui a trait à la nature de l'objet « droit ». Comprenons que toute science de la technique pour parler comme Gény, repose sur une certaine ontologie du droit, c'est-à-dire sur une définition de ce qu'*est* le droit. Et que, séparer les deux, faire de la technique un monde en soi et une activité autosuffisante, c'est méconnaître une vérité épistémologique de première grandeur qui tient à l'unité du savoir et du faire (tout comme nous verrons d'ailleurs un peu plus loin qu'il est selon nous impossible de dissocier, suivant cette même logique de la séparation des savoirs et des discours sur les savoirs, la science du droit et la sociologie du droit par exemple). Toute la question est là à notre avis (insistons : cela doit rester une question et ce qui suit exprime un point de vue soumis à la discussion, non une ou la vérité en la matière) : nous sommes tentés par la technique pour donner une réponse que nous croyonssimple à une question qui n'est pas technique du tout, qui relève de la philosophie du droit. « Le problème, [écrivait par exemple Simone Goyard-Fabre], n'est [...] pas de classer des éléments de la vie du droit, mais de saisir la nature de l'alliance que scellent, dans la statique comme dans la dynamique juridique, le fait et le droit, introuvables à l'état pur »[4]. Il n'y a aucune raison sérieuse d'attribuer

[4]S. Goyard-Fabre, *Essai de critique phénoménologique du droit*, Klincksieck, 1972, p. 63.

au droit cette primauté sur le fait, de lui donner la vedette en quelque sorte. Cette métaphore du passage, embarrassante, mais fortement enracinée dans les esprits, complique ou rend impossible la solution d'un problème que pourtant on ne peut pas éviter de se poser. Cela s'appelle un obstacle épistémologique : une pensée qui empêche de penser, selon Bachelard[5], une contre-pensée accréditée par l'habitude (A).

À ce stade, cependant et avant d'aller plus loin, une précision s'impose : on *comprend*, en lisant Motulsky, plus précisément les premières pages de sa thèse[6], que cette volonté d'afficher et d'assumer un dualisme rigide entre fait et droit procédait chez lui comme d'ailleurs chez Gény d'une ferme volonté de s'opposer à la pensée juridique allemande. À une certaine pensée juridique allemande : celle de Savigny chez Gény (qui d'ailleurs n'hésitait pas à l'occasion à la travestir un peu), celles de Schmitt et de Larenz chez Motulsky. Ce point est important également, et il explique bien des choses : ces auteurs, comme Kelsen exactement à la même époque, comme Hauriou, veulent sauvegarder *le* droit – la règle de droit dit Motulsky – contre les assauts dont ils le croient menacé (droit est alors synonyme de démocratie). Cela suffit à nous faire comprendre que ce que nous avons appelé un obstacle épistémologique peut être assimilé à ce moment-là, à un mouvement de survie des juristes. La difficulté apparaît – et la force de l'obstacle reparaît – lorsque de telles vues survivent à leurs auteurs et aux périls dont ceux-ci croyaient la démocratie menacée.

Prenons donc le point de vue inverse, en attendant de nous assurer que toute menace est écartée (simple clause de style, puisque bien entendu, nous ne pourrons jamais l'être !), et voyons si la définition du droit ne peut pas plutôt être déduite (nous employons ce mot par facilité, mais il est n'est évidemment pas vraiment adapté), de ce que nous appelons le fait. S'il nous est à nous juristes occidentaux si difficile de penser la question du rapport du droit à ce qui n'est pas lui,

---

[5] G. Bachelard, *La Formation de l'esprit scientifique : contribution à une psychanalyse de la connaissance objective*, Vrin, 1975, p. 23.
[6] H. Motulsky, *Principes d'une réalisation méthodique du droit privé :la théorie des éléments générateurs des droits subjectifs,* Dalloz, 1991, rééd. de l'éd. de 1948, pp. 10-12.

ou si cette question nous paraît aller de soi, c'est que nous surestimons l'un des deux termes de la question. C'est que nous ne voyons pas ou ne voulons pas voir que lorsque nous disons d'une règle qu'elle est juridique, c'est tout simplement parce que nous y projetons une définition préparée à l'avance, qui nous est dictée par notre situation dans le monde ou par nos propres habitudes mentales, autrement dit parce que nous nous y projetons nous-mêmes. Or, c'est detoute autre chose qu'il s'agit : le droit est un fait qui résulte d'une action programmée visant à concurrencer ou infléchir d'autres faits. Jhering qui n'avait pas les pudeurs de ses collègues français l'a dit en des termes impérissables, quoique changeants (B).

A – Un obstacle épistémologique : ni science, ni technique, le droit est une pratique

La métaphore militariste – encore une métaphore ! — employée pour désigner le fait ou plus exactement le rôle qui lui est assigné – mobiliser, mobilisation –, est assez trompeuse, mais elle est éloquente, en ce qu'elle est trompeuse justement. C'est là que les « autres sciences » nous sont déjà utiles parce qu'elles nous éclairent sur le sujet : pas plus qu'en sciences en effet, nous voulons dire dans le domaine des sciences de la nature comme les appelait Kelsen, le fait n'existe « à l'état de fait », si l'on peut dire, il n'est rien d'autre que l'image que nous en avons, puis ce que nous élaborons, aux fins de l'analyse, à partir de cette image. Nous sommes là sur le terrain de l'épistémologie la plus élémentaire, celle à laquelle Bachelard a donné ses titres de noblesse en même temps qu'il lui conférait une forme littéraire inégalée : « le fait scientifique est conquis » écrivait-il, « [r]ien ne va de soi, rien n'est donné. Tout est construit »[7]. Il n'en est que plus surprenant – mais pas inexplicable –que François Gény, son exact contemporain, ait popularisé, comme s'il s'agissait là d'une évidence scientifiquement irréfutable (ou indémontrable) le dualisme du fait et du droit en opposant, dans un langage si proche de celui de Bachelard, le « donné » et le « construit », la matière et l'ordre, où il n'est pas difficile de voir que la matière en question est conçue de telle sorte qu'elle englobe déjà la plupart des éléments constitutifs de

[7] G. Bachelard, *ibid.*, p. 14

l'ordre juridique positif[8]. Gény et Kelsen (à l'égard duquel pourtant le premier ne ménageait pas ses critiques) commettent la même erreur, mais cette erreur comme toujours dans le domaine des sciences sociales, n'est pas vraiment une erreur, c'est une étape, un moment dans l'évolution de la pensée.

La cause principale de cette simplification momentanée tient à ce que l'on peut appeler le sens commun des juristes : une certaine conception – définition ? – du droit prévaut et dispense, en apparence, les professionnels de toute réflexion approfondie sur la question. Cette définition suffit, c'est-à-dire qu'elle est superflue, elle ne leur est pas nécessaire. Cette conception est bien connue. Elle consiste à voir dans le droit un ensemble de commandements humains destinés à des hommes (d'où il suit nécessairement que la volonté occupe une grande part dans la confection de ces commandements et que celle-ci ne peut être que celle d'un groupe restreint doté du pouvoir d'édicter de tels commandements). Or, sans remonter très loin dans le temps (Kant et le kantisme, Hobbes et les origines du positivisme juridique, etc.), nous pouvons dire que cette vision du droit est celle qui vient immédiatement à l'esprit – pour peu qu'elle ait été préparée par la lecture de certaines introductions au droit qui circulent dans les facultés. Elle vient à l'esprit, mais elle est évidemment incomplète et surtout inadaptée au but poursuivi : ce n'est pas une ontologie, c'est une paraphrase de l'expérience que nous avons de l'outil « droit ». Nous nous servons donc de cette expérience pour justifier l'expérience. Cette façon de voir conduit presque nécessairement ceux qui l'ont en partage à poser la question du droit et de ses « rapports » avec la réalité en opposant l'un et l'autre (puisqu'aucun de ces deux termes n'est défini, il faut bien les définir en les opposant), faisant du droit une machine à transformer le monde non de manière révolutionnaire, mais comme un habillage du fait, comme un artifice. Cette tradition technicienne a de bonnes raisons d'être et peut s'autoriser d'une longue histoire : le juge et le législateur étant les deux artisans principaux de cet habillage, la boucle est bouclée et l'on en vient tout naturellement à parler pour désigner ce rapport supposé de « conceptualisation », ou de « passage », comme nous l'avons vu,

---

[8] Cf. En premier lieu, F. Gény, *Science et technique et droit privé positif*, Sirey, 1913-1924, nouveau tirage, vol 1., n° 33 et s., p. 96 et s.

ou encore de « saisie du fait par le droit »[9]. Ce vocabulaire est connu et nous avons fini par nous y habituer. Comme nous nous sommes habitués également à l'idée d'une hiérarchie établie (constitutionnellement) entre le législateur – seul souverain, seule incarnation de la souveraineté du peuple – et les juges qui certes rendent la justice en son nom, mais qui, selon les « principes affirmés par de nombreux textes », ne peuvent en France « rien entreprendre sur la fonction législative ». Ainsi s'exprime François Gény, dans *Méthodes d'interprétation et sources en droit privé positif*[10]. Cette manière de voir qui mobilise le droit constitutionnel au service de quelques lieux communs est un des principaux obstacles à une perception claire de ce qu'est la place du droit dans le monde. Le juge est pris en otage et sa fonction, assimilée à celle d'un médiateur (entre quoi et quoi ?), permet de résoudre en pratique la question posée. Laquelle donc ne sera pas résolue ! Est-ce un obstacle épistémologique ? Il faut le croire.

Ce cloisonnement du droit voué à n'être que la mise en ordre d'une partie de la réalité sociale, celle qui supporte sans trop de mal la déformation relative que lui fait subir la règle, quitte pour le juriste à terminer le travail par l'interprétation des sources existantes, a constitué le cadre général de la pensée juridique occidentale pendant la seconde partie du siècle dernier. C'est ce qui a rendu pour ainsi dire impossible ou en tout cas particulièrement risquée toute pensée réaliste en droit, comprise comme une confrontation de celui-ci avec le réel, comme une mise en rapport continue et savante du droit et du fait. C'est aussi ce qui autorise à multiplier à l'infini les oppositions de cette sorte (droit et non-droit par exemple). Être réaliste en effet, ce n'est pas jauger du haut de quelque position de surplomb la capacité du droit à s'adapter aux choses, cela c'est le travail des évaluateurs (ou des arpenteurs). Ils sont nombreux et occupent une place de choix dans la société, laissons-les en paix. Être réaliste c'est accepter le

---

[9]M. Virally, *La pensée juridique,* LGDJ, 1960, pp. 16 et s.

[10] F. Gény, *Méthodes d'interprétation et sources en droit privé positif*, LGDJ, 1954, 2ème éd., t. 2, n°146, p. 35 et s. Gény ajoute un peu plus loin : « la jurisprudence, sans constituer une source formelle de droit positif, doit du moins compter parmi les autorités les plus puissantesaux yeux du juriste et peut même, moyennant des conditions spéciales, contribuer à la formation d'éléments vraiment producteurs de règles nouvelles »(*ibid.*, t. 2, n°149, p. 53).

risque de l'épreuve de la réalité, au sens que Luc Boltanski et Laurent Thévenot donnent de ce terme épreuve : une « épreuve de vérité » qui emprunte pour être menée à bien un minimum d'institutionnalisation (des procédures, des systèmes de vérification qui peuvent aller jusqu'à un examen collectif des questions)[11].

Remarquons au passage que cette impasse – l'impossibilité pratique de cette division des plans — fut aussi d'un autre point de vue, un des terreaux fertiles sur lesquels s'est édifié, dans les années1930 et pendant la guerre, une pensée dunon-droit qui se donnait toutes les apparences de la théorie, à ceci près que cette théorie et ceux qui s'en faisaient les hérauts ne voulaient voir dans le droit qu'un aspect de la réalité sociale, l'expression d'un ordre « concret » qui n'est pas l'ordre juridique, mais son contraire. C'est le fin mot de l'histoire : le réalisme est devenu impossible en réaction contre – ou pour conjurer – ce réalisme-là. Il est impossible de passer cela sous silence, nous avons dit plus haut pourquoi, et aucune théorie du droit, aucune théorie du procès ou de quoi que ce soit d'autre, ne peut faire l'impasse sur cette période de l'histoire européenne et les leçons qu'elle procure. Nous verrons d'ailleurs que la construction d'une certaine Europe, après la guerre, a eu pour conséquence indirecte,mais considérable, de faire voler en éclats (définitivement ?) ces systèmes de pensée qui se dispensent de toute pensée.

B – « La réalisation est la vie et la vérité du droit »[12]

Mais n'abandonnons pas pour autant cette métaphore militaire dont nous sommes partis : les métaphores ont ceci de très appréciable qu'elles peuvent servir plusieurs fois ! Le juriste comme l'homme ordinaire est entouré de faits, dont certains ne sont pas visibles à l'œil nu (ce sont les plus complexes, parce qu'ils expriment généralement des luttes, des conflits d'intérêts), et ces faits, il les reformule, les reconstruit sans cesse, quand bien même il affecterait de croire le

---

[11] Cf. L. Boltanski et L. Thévenot, *De la justification : les économies de la grandeur*,Gallimard, 1991.

[12]R. vonJhering, *L'esprit du droit romain dans les diverses phases de son évolution*, trad. O. de Meulenaere, 1877, Maresco, t. 3, § 43. La suite mérite également d'être rapportée: « [c]e qui ne passe point dans la réalité, ce qui n'existe que dans les lois et sur le papier, n'est qu'un fantôme de droit; ce ne sont que des mots ».

contraire pour les besoins de la démonstration, par exemple, en ayant recours à de grands mots – morale, équité, etc. –, ce qui n'est que l'expression d'un certain rapport de forces, la plupart du temps, ou de sa volonté d'y mettre un terme. Cela s'appelle la politique juridique, et démontre s'il en est besoin que les juristes en question, les diseurs de droit, ne sont pas dupes des théories que l'on échafaude à leur sujet, en particulier dans les pays qui ont une tradition de droit écrit. C'est cette découverte déformante[13] et performative du fait dans le processus continu de réalisation du droit qui a été nommé mobilisation. Mais on voit bien alors que les juges (et le législateur) ne mobilisent rien, tel l'artisan à son établi, ils se mobilisent eux-mêmes et ils mobilisent avec eux un ensemble d'outillages (des techniques, des concepts, des institutions), en vue d'assurer la mise en œuvre de la règle de droit, sa concrétisation. Parmi ces outillages, il y a aussi des valeurs, celles qui à un moment donné font autorité, ce qui veut dire qu'elles sont contingentes. On s'abstiendra cependant d'établir des hiérarchies entre ces valeurs, ou de prononcer le moindre jugement sur ce que doit être le droit[14].

Sans s'exprimer en ces termes, Jhering a fait un pas considérable dans l'élucidation de la question qui nous intéresse, parce qu'il a utilisé pour en venir à bout, un terme relativement nouveau – celui de réalisation –, qui comportait dans son énoncéune partie de la solution du problème. Mais une partie seulement. Que veut dire en effet « réalisation du droit » ? Que signifie ce terme qu'il emploie pour la première fois dans *l'esprit du droit romain* ?C'est l'expression d'une certaine conception du droit qui consiste à y voir une technique avant toute autre chose. Le droit fait partie des moyens dont se sert l'Homme pour devenir Homme, pour se réaliser lui-même. Dire cela, l'exposer scientifiquement, de manière raisonnée est selon Jhering une étape dans cette tâche de réalisation du droit, carl'auteur de *la lutte*

[13]Jamais fidèle, mais fidèle à quoi au juste ?

[14] La question reste ouverte évidemment – et volontairement – de ce qu'il faut mettre sous cette appellation : qu'est-ce qu'un fait? Disons (dans le sillage de Gény cette fois) que nous donnons de ce mot l'extension la plus large possible, en y incluant donc les idées, ou les concepts juridiques, pour la simple raison qu'ils concourent à la formation de la règle de droit. Cela semble aller de soi (*contra* : Ch. Atias et D. Linotte, *Le mythe de l'adaptation du droit au fait*, *D.*, 1977, p. 251 et s.).

pour le droit– son livre le plus connu, écrit plus tard[15]– ne fait pas de différence entre connaissance et technique. Plus exactement, il fait de la connaissance du droit, d'un droit particulier comme du droit en général, la condition de son utilisation correcte en tant que technique. Là est la thèse centrale. Cette thèse est évidemment marquée par l'historicisme et le vitalisme ambiants : il suffira donc d'inverser les termes employés pour la rendre un peu plus moderne, un peu plus conforme à ce que nous attendionsqu'un théoricien nous dise sur le droit : « [c]e que l'esprit humain perçoit en premier lieu, [écrit Jhering], ce sont les parties saillantes, extérieures, pratiques du droit, les parties dont l'action doit le frapper immédiatement : les règles de droit [...]. Mais ces abstractions sont bien inférieures à la réalité à laquelle elles sont empruntées. Semblables aux premiers essais plastiques d'un peuple, elles ne nous donnent de la réalité qu'uneimage incomplète et grossière»[16]. Il en résulte toute une conception des rapports entre science et technique très éloignée de celle qui prévaut en France à la même époque et évidemment influencée par le contexte national dans lequel évolue son auteur. Mais il s'ensuit aussi que pour Jhering, le novateur, le droit en pratique est le vrai droit, c'est le sens de la formule célèbre que nous avons rappelée tout à l'heure. Comme chez tous les novateurs, sachons faire la différence entre le vieux et le neuf :cette vision sociologisante du droit et de la force du droit – que l'on a tendance à retenir seule, pour faire de son auteur un apôtre du pragmatisme juridique – va de pair avec un naturalisme organiciste assez courant à son époque (Darwin, Spencer) qui consiste à voir dans la société un être vivant (ou du moins à l'y assimiler), et dans le droit positif, l'expression d'un droit immanent aux choses, d'une nature des choses (ce dernier mot est à cette époque devenu courant dans la doctrine allemande) qui est déjà dans la société et dont certaines règles, certaines normes,pourront être extraitesun jour ou l'autre[17]. Ce n'est ni

[15] Il paraît en 1890.

[16] R. vonJhering,*La lutte pour le droit*, trad. O. de Meulenaere, Marescq aîné, 1890,t. 1, §3, p. 28.

[17] On observera tout de même que Jhering atténue cet organicisme qu'on lui a souvent reproché en parlant du droit comme d'un langage, et en comparant les règles du droit à une grammaire. Toutes ces comparaisons sont également dans l'air du temps dira-t-on, mais pas dans l'Allemagne de cette époque-là.

plus ni moins ce qu'expriment les formules familières, mais approximatives, selon lesquelles le droit doit « s'adapter aux faits », s'inspirer de certains besoins concrets, etc.Ce qui est encore plus intéressant – et là nous en revenons à notre sujet –c'est que si tel est bien le cas, si cette condition implicite de toute bonne politique juridique est remplie, alors il n'est nul besoin de s'interroger sur les valeurs ou ce qu'est un « droit juste », le droit est effectif avant même d'avoir été posé. Jhering en tire deux conséquences.

Premièrement, et sur un plan général, il édicte cette règle de bonne politique juridique, de bonne légistiquecomme nous dirions aujourd'hui, qui consiste à faire de l'œuvre accomplie (c'est à dire des créations législatives) un critère de bonne législation, dans une de ces formules dont il avait le secret : « [i]l ne faut pas oublier que, quelque instructive que soit, pour le disciple la vue du travail du maître dans son atelier, c'est dans l'œuvre même que se retrouve le génie de l'artiste »[18]. Le droit est un art en effet, une science de la combinaison des catégories du vocabulaire juridique en vue d'atteindre un certain but. Mais, deuxièmement, à supposer que le droit soit un art savant, qu'arrive-t-il lorsque le droit positif constitué se trouve être en contradiction avec le « droit tel qu'il, est » ? Là-dessus, Jhering semble s'en remettre à ce qu'il appelle l'esprit du droit, ou plus exactement à la sagesse de ceux qui le font[19]. Tout cela peut paraître naïf, mais ne l'est absolument pas selon nous. C'est un acte de foi, purement et simplement, ou si l'on préfère, un engagement de son auteur.

Au fond, Jhering qui n'hésite pas recourir au mot « système » est aussi aux prises avec toutes les contradictions de ce qui deviendra l'analyse des systèmes : comment rendre compte, une fois posés les avantages du système – son caractère systématique si l'on peut dire – de l'hypothèse du « grain de sable » qui vient perturber l'ensemble, qu'on le dénomme bandit, *bad man* ou passager clandestin ?Qu'est-ce qui permet de parler encore de cohérence lorsque celle-ci est compromise de l'intérieur ou peut l'être à tout moment ? Rien, mais prenonsconscience, pour relativiser la portée du risque encouru, d'un

[18] R. vonJhering,*La lutte pour le droit*, trad. O. de Meulenaere, Marescq aîné, 1890,t.1, §2, p. 18.
[19]*Ibid.*, §3, p. 28.

détail qui n'est pas dépourvu d'importance : nous parlons de nous en ce moment, c'est-à-dire que nous nous situons dans le cadre des systèmes juridiques occidentaux et nationaux. Le risque est donc grand, mais il peut être conjuré si certaines conditions sont remplies : élargir le champ du spectre, recourir à d'autres appareillages, nous dépayser.

Si l'on retient l'enseignement que Jhering nous a laissé – la méthode dispense de poser la question des valeurs –, l'Europe qui devient notre cadre de vie, oblige à en reformuler les termes : quelles peuvent être au niveau d'un continent les conditions de la réalisation d'un droit qui ne concerne pas encore tous les secteurs de la vie sociale, mais n'en est pas moins assuré de la primauté sur les droits nationaux ?

II – Le droit, les valeurs, l'Europe

Nous ne quittons pas le sujet, nous l'actualisons. Une mise au point d'abord : nous parlons d'Europe, au sens le plus large du terme, conscients qu'il faudrait parler aujourd'hui des « Europe » au pluriel, que ce pluriel n'est pas près de se démoder, et que d'autre part, une certaine vision du droit et de la politique a émergé sur le continent européen qui trouve son origine dans la catastrophe totalitaire. Les juristes occidentaux n'en ont peut-être pas tiré toutes les conséquences à ce jour, et pourtant ces conséquences nous importent : la démesure de la « barbarie » (mentionnée dans le préambule de 1946) a créé entre ces juristes et le monde, disons entre les mots dont ils se servent encore et les réalités vécues par ceux à qui ces mots sont destinés, un fossé qui n'a pas été comblé. Cela confère à la question qui nous occupe une dimension particulière.

Les révolutionnaires américains et français ont inventé au XVIIIe siècle une fiction opératoire pour rendre plausible cette morale pratique, cette morale de tous les jours. Ils ont inventé le concept de droits de l'homme sous-tendu par celui d'universalité : coïncidence presque parfaite entre une certaine philosophie morale et des énoncés inscrits dans des textes qui entendent promouvoir cette philosophie. Mais nous avons été confrontés chemin faisant (luttes, affrontements, misère, scandales en tous genres) et nous sommes toujours confrontés à des situations qui menacent ce compromis dans son existence de compromis. Les penseurs de la postmodernité ont été appelés ainsi parce qu'ils ont cru pouvoir faire l'histoire de l'humanité en lui assignant des repères historiques (à l'instar d'Hannah Arendt par exemple). Cela est vrai en partie – le mot démocratie n'a plus le même sens aujourd'huiqu'à l'époque de Tocqueville –, à ceci près qu'il n'y a pas d'histoire dans cet ordre d'idées, que tout ceci relève davantage de la révélation que de la succession de faits datés. Le Fait, du coup, le fait qui n'est pas le droit, ne peut pas être réduit à une reconstruction a posteriori du travail législatif, comme si ce travail était prévisible, comme si ce qui a été fait devait advenir en tout état de cause. Nous devons introduire entre lui (les contraintes économiques et financières, les données de la vie politique, les rapports entre États, etc.) et le résultat obtenu, autrement dit le droit positif, un élément médian, qui ne relève ni du prédroit ni de la réalisation du droit (effectivité ?), mais des deux à la fois. Cela ne peut se faire qu'à la condition d'opter pour une certaine méthode et aussi de recourir à certains concepts opératoiresqui permettraient de dépasser l'opposition du droit et du fait, puisque le droit est des deux côtés à la fois. Le concept de valeur en fait partie. Dans valeur, en effet, il y a un peu de fait et un peu de droit et d'ailleurs, l'utilisation de ce concept en droit, dans le domaine propre des sciences juridiques, est contemporaine d'une nouvelle réflexion sur le droit en général, les droits de l'homme et sur la place de ceux-ci dans la vie politique et démocratique des États[20].

Nous ne sommes peut-être pas très loin de Jhering en disant cela : le droit doit agir sur le droit (c'est ce qu'il appelait son « esprit »). Mais nous sommes tout de même beaucoup plus proches de ces penseurs post-modernes déjà évoqués qui ont réfléchi aux conditions dans lesquelles la démocratie pouvait être pensée de manière critique (comme un objet vulnérable, menacé) et dans le même mouvement, à la question de savoir dans quel cadre cela pouvait avoir lieu. La méthode choisie pour y parvenir peut être qualifiée de dialectique. Elle l'a été parfois, mais sans renier cette référence, nous parlerons plutôt d'une éthique : non pas seulement exposer, éventuellement transmettre, mais aussi intervenir sur le cours des choses en

[20]Cf.J. Lacroix, *La pensée française à l'épreuve de l'Europe,* Grasset, 2008.

contribuant à les rendre intelligibles, quitte à dévoiler certaines impostures.

Nous sommes en présence dans l'Europe des années trente et suivantes de philosophes du droit qui voient dans une certaine idée de la nature – ou des choses, ou du monde –, un facteur unificateur qui doit permettre de surmonter philosophiquement avant de le faire pratiquement les dualismeshérités du positivisme juridique : le droit est « dans les choses » avant d'être dans les esprits[21], ce qui ne veut pas dire qu'il suffit d'observer la société réelle pour en déduire le bon droit applicable au bon moment, mais seulement que nous sommes nous juristes dansl'impossibilité absolue de procéder à un quelconque partage entre ces deux modes d'être (*sein*et *sollein*), tout simplement parce qu'ils ne préexistent pas au regard que nous portons sur le monde extérieur. L'être n'est pas divisible. Ces philosophes du droit auxquels nous faisons allusion (Coing, Fechner, Radbruch) marquent un moment important de la pensée juridique : le moment où les divisions de point de vue ou les considérations sur le regard porté sur une chose supposée directement accessible à l'entendement, cèdent la place à une vision agonistique du savoir, quitte à sacrifier une certaine tranquillité d'esprit. La pensée se construit avec nous, elle devient un enjeu. On n'est certes pas obligé de souscrire à cette vision, on peut même la juger terriblement destructrice. Elle a cependant sur toutes les autres l'inestimable avantage comparatif d'être en osmose avec son objet : le droit n'est pas sage, il n'est pas tranquille, les luttes dont parlait Jhering ne s'appréhendent pas dans le calme douillet du cabinet de lecture. Elles supposent l'engagement de celui qui prétend les dominer et cet engagement ne s'analyse pas seulement comme une prise de position pour ou contre telle théorie, elle est une « participation active et effective de l'homme dans le monde »[22] à la construction de l'objet qu'il s'est donné pour mission d'étudier. Qu'on n'aille pas dire que nous dramatisons : un contrat est et sera toujours un contrat,etc. Nous sommes dans l'actualité : comment rendre compte des contrats conclus entre des États endettés et un système

---

[21]Cf. sur cette question à laquelle, selon nous, il n'y a pas et il ne peut y avoir « une seule réponse » : P. Amselek et C. Grzegorczyk, *Controverses autour de l'ontologie du droit*, P.U.F., 1989.

[22] N. A. Poulantzas, *Nature des choses et droit : essai sur la dialectique du fait et de la valeur*, L.G.D.J., 1965, p. 16.

financier surprotégés sans mettre dans la balance une certaine vision surannée de la souveraineté, sans participer à l'élaboration d'un nouvel ordre du monde ?

Il se trouve que ces pensées et ces penseurs sont les contemporains ou des précontemporains de la construction européenne et que la plupartd'entre eux ont été les témoins (et parfois les acteurs) d'une autre révolution qui était en train de s'accomplir sous les yeux de tout un chacun : que les États nations qui avaient dominé la réflexion politique pendant deux siècles ou plus s'effacent progressivement, non comme lieux de pouvoir, mais comme cadres référentiels privilégiés de la réflexion sur le pouvoir et le politique. Il faut être aveugle pour ne pas s'apercevoir qu'un lien étroit existe entre ces deux transformations. Les questions se posent-elles en termes différents pour autant ? Non, ou pas pour laplupart d'entre elles (pourquoi faut-il obéir aux lois ?Qu'appelle-t-on le droit ? Quelle est sa force ?) (A). Ce sont les conditions dans lesquelles elles sont posées qui changent : si l'espace du politique s'élargit, nous devons aussi élargir notre champ de notre vision. L'interdisciplinarité s'impose, comme une conséquence de cet état de fait. Cette vérité qui est à la fois épistémologique et historique serait sans doute plus claire aux yeux de certains juristes, elle s'imposerait à eux, si ceux-ci moins préoccupés de se parler entre eux – ce qui pourtant est indispensable !–, écoutaient aussi, de temps en temps, les discours que tiennent les sociologues, les philosophes ou les ethnologues au sujet du droit. C'est la seule méthode qui permette de penser l'Europe et de la penser non comme une contradiction fermée, mais comme un lieu propice à la résolution de certaines contradictions (B).

A – Une certaine façon de penser le droit

La simplicité du partage entre les champs disciplinaires n'est plus de mise dans ces conditions, et de même que nous ne pouvons plus nous définir en tant que juriste en référence à un certain objet et en opposition plus ou moins amicale avec d'autres disciplines constituées en sciences ayant la prétention d'étudier ce même objet, mais autrement, « sous un autre angle », de même il nous devient impossible de circonscrire un concept juridique quelconque en référence à ses voisins immédiats ou supposés tels puisque ces voisins ne sont là que parce que nous les avons conviés dans un souci d'« ouverture » pensant que leur présence serait utile, mais sans avoir la moindre question à leur poser. Il nous faut au contraire, ayant mis un terme à tout faux semblant, avancer les yeux ouverts et armés d'un corpus théorique justifiant cet engagement et d'une grille de lecture au moins approximative (non pas que cherchons-nous ? Mais : comment allons-nous nous y prendre ?), et qui nous permette de nous frayer un chemin dans cette jungle qui ne ressemble à rien de connu, proposer certaines hypothèses, par exemple, des hypothèses relatives au statut de ces valeurs qui nous animent et que, pour cette raison nous ne pouvons nommer avec précision. Si nous prenons certains risques (comme celui de ne rien trouver du tout), c'est que nous croyons cela juste, au double sens du terme. Bref, nous le faisons au nom de certaines valeurs qui nous semblent devoir guider la recherche, donc nous guider nous-mêmes, avant que ces mêmes valeurs ou des valeurs équivalentes se mettent à vivre leur propre vie. C'est cela qui est en cause, cette contemporanéité des deux niveaux de pertinence du mot valeur, et leur *complémentarité*.

Pour le comprendre et apporter un « début de solution » au problème il faut selon nous renoncer à ce que l'on nomme parfois neutralité axiologique si du moins par là on entend une manière de faire croire que les valeurs existent sans nous, qu'elles vivent leur vie de valeurs hors de notre regard, qu'il serait donc possible de parler de valeurs en soi, de valeurs qui existeraient indépendamment de l'opération par laquelle nous entrons en « rapport » avec elles[23]. Il faudrait aussi par la même occasion et sur un autre plan, revoir les traités d'alliance conclus en d'autres temps (disons au début du siècle dernier) entre les différents champs du savoir qui sont autant de masques destinés à justifier cette « objectivité » dont parfois les juristes se réclament encore : laissez-nous en paix, nous sommes juristes ! Prendre conscience notamment que ces traités, pour peu que nous croyions, nous les avons en partie rêvés.Qu'on ne nous dise pas que nous nous aventurons à l'aveugle, alors que c'est l'objectivisme

[23] Cf. sur ce point, mais en en un sens différent : P. Amselek,*Mettre le droit en valeurs*, in « La valeur, les valeurs… le droit », colloque organisé le 28 novembre 2014 à l'Université de Toulon par le CERC,consultable en ligne sur : http://paul-amselek.com/textes/valeurs.pdf.

qui est aveugle, alors surtout que c'est cette recherche apparemment dictée par le bon sens (où sont les valeurs ?) qui est surdéterminée, puisque le résultat est connu d'avance. Il est connu d'avance et généralement insatisfaisant, puisqu'il consiste à répartir la réponse entre plusieurs instances : le fait, le droit, une vision du monde. Il convient donc d'en venir à cette idée somme toute assez simple que le droit, dans les différentes étapes de son évolution, énonce des valeurs qui sont utiles à la solution de certains conflits, au besoin en établissant entre elles des hiérarchies contingentes. Le fait n'est pas loin dans ce cas, il est même omniprésent, avant, pendant, et après, lorsque par exemple, il s'agit de fonder en droit un texte dépénalisant l'avortement, ou encore de justifier une loi destinée à limiter la concentration des grands groupes de presse au nom du pluralisme des courants de pensée et d'opinion.

Il y a au fond, dans ces mots si banals – le fait, la valeur – quelque chose de mensonger, puisque ce qui se cache derrière ce que l'on entend par là ce sont des conflits d'intérêts et des rapports de force. Le droit ne parvient pas toujours à les maîtriser. C'est l'autre aspect du mensonge, le plus cruel pour le juriste : la violence qui lui est nécessaire en vue d'assurer l'effectivité du droit, peut aussi tuer le droit, réduire à néant son efficacité comme droit, sa force. Et l'attitude de distanciation glacée devant le droit que nous avons rencontrée tout à l'heure aggrave le risque : en s'éloignant de lui, on le condamne à être pleinement ce qu'il est ou ne rien être du tout.

B – La question européenne : un « droit né avec nous »[24]

Attachons-nous donc, ceci étant établi, à ne pas nous transformer en mandataires de la parole officielle[25] nous qui prétendons être juristes. Le droit pris en un certain sens est une métaphore du réel qui est au-dessus du réel et lui sert en quelque sorte de trame existentielle.C'est ce que pensait Jhering – il faut revenir vers lui :

---

[24] Nous empruntons cette formule à C. Champaud : « Des droits nés avec nous : discours sur la méthode réaliste et structuraliste de connaissance du droit », in *Philosophie du droit et droit économique : quel dialogue ?, Mélanges en l'honneur de GérardFarjat*, Frison-Roche, 1999, p. 69.

[25] Sur cette définition démystificatrice mais pas réductrice du juriste, cf. P. Bourdieu,*Sur l'Etat : cours au Collège de France*, Points, 2015.

« [j]e veux scruter le mouvement intime de la marche du droit romain, en fouiller les ressorts cachés, pénétrer les causes éloignées et ma corrélation immatérielle de l'ensemble du développement juridique »[26]. Nul doute que pour lui, le droit romain donne une très bonne idée du programme à suivre : « le droit romain, plus que tout autre, écrit-il plus loin, est à même de nous montrer la poésie de l'ordre et de la régularité dans le développement du droit »[27].

Mettons de côté l'idéalisation de son objet par l'expert, mettons de côté aussi la représentation développementaliste del'histoire que cela sous-entend, et retenons ceci : notre auteur parle en de nombreux endroits de structure logique des droits et du droit en général, il évoque la grammaire et l'alphabet du droit (pour désigner à peu près la même chose). C'est assez pour nous faire comprendre que cette idéalisation et ce développementalisme ne sont pas deserreurs, mais des *approximations nécessaires*, inévitables à un moment particulier de l'histoire de la pensée et de l'histoire de l'histoire du droit. Nous sommes là en présence d'un effort extraordinaire, concurrent de celui de l'école historique de Savigny et Puchta, pour penser l'histoire du droit à l'aided'un appareil conceptuel renouvelé, relativement indépendant du droit lui-même, pour penser par la même occasion – puisque c'est l'autre but qu'il s'assigne –l'histoire du rapport de ce droit avec le réel : la question « qu'est-ce que le droit » devient donc : comment le droit construit-il un monde à côté du monde qui s'appelle le droit ?[28]

Notre posture à l'égard non du droit en général, mais d'un droit particulier est semblable à celle de Jhering devant le droit romain : nous devons scruter les différentes phases de son évolution, quitte à nous dévoiler nous-mêmes, établir sa « généalogie » (terme que Jhering employait volontiers), afin, l'ayant fait, de nous approprier les valeurs qui « sont » non dans ce droit, mais dans les choses dont il prétend se saisir. Nous le ferons avec d'autant plus de facilité que

---

[26]R. vonJhering, *L'esprit du droit romain dans les diverses phases de son évolution*, trad. O. de Meulenaere, 1877,Maresco. t. 1, §1, p. 15.

[27]*Ibid.*, t.1, §5, p. 63.

[28] Voici ce qu'écrit M. Virally dans l'ouvrage précité : « le juriste qui prétend faire connaître le droit positif n'y réussira en profondeur que s'il sait mettre au jour ces filiations et ces harmoniques » in *La pensée juridique*, op. cit., p. 32.

nous connaissons le parcours qui a été le leur et que nous aurons pris conscience que, la plupart du temps, les valeurs précèdent les choses[29].

Le droit, qui que nous soyons et où que nous soyons,*naît avec nous* (ou, variante : notre histoire est la sienne), il nous précède sans nous précéder tout à fait parce que l'idée que nous en avons est indissociable de son existence de droit[30]. L'extraordinaire succès rencontré dans la pratique par des principes stabilisateurs comme celui de sécurité juridique, en est une démonstration par la négative : nous cherchons dans le droit positif – principes, standards, objectifs – les garanties nécessaires à la réalisation de ce double projet que nous lui assignons, à savoir connaître et comprendre. La théorie du droit, l'analyse, le commentaire sont des moyens de faire avancer le droit, voire de susciter (où, si ce n'est d'abord dans l'esprit du commentateur ?) la « naissance » d'un droit nouveau. Ces droits nouveaux – le droit européen n'en est plus vraiment un, mais il se crée sans cesse et développe de nombreuses ramifications *–ne partent pas de rien,* ils ont à leur disposition, à portée de mains de ceux qui s'en réclament un certain nombre de briques devant permettre de concourir à la construction de l'édifice. La notion de droit fondamental est évidemment typique de ce point de vue : émergente et « hors normes » comme l'écrivait Étienne Picard, c'est à dire propre à servir de fondement à l'élaboration ou à la découverte d'un nouveau champ disciplinaire, à condition qu'on le veuille bien (la doctrine, les juges sont ici à mettre sur un pied d'égalité, ils se prêtent mutuellement main-forte)[31].

Le processus de la construction européenne au lieu de nous enfermer dans d'assez stériles discussions (Fédération ou pas, quelle primauté du droit européen ?) devrait donc nous aider à comprendre

---

[29] Max Weber procédait de la même manière en découvrant que l' « esprit » du capitalisme a précédé la naissance du système. V. sur ce point, M. Weber, *L'éthique protestante et l'esprit du capitalisme*, Flammarion, 2000.

[30] Cette connaissance immédiate est sauf erreur ce que M. Weber désignait par compréhension (*Verstehen)* : nous pouvons dire en un sens que nous éprouvons une forme de sympathie pour ces valeurs, et d'autre part, c'est cette sympathie qui nous permet de les comprendre comme valeurs, d'en saisir le sens.

[31] G. Farjat, « Le droit, l'économie et le fondamental »,*Revue Internationale de Droit Economique*, 2005, n° 4, p.432 et s.

de quoi il retourne exactement. La question des valeurs y est centrale en effet (quoique le mot ait subrepticement, mais certainement pas involontairement disparu des traités) et c'est bien au nom de certaines de ces valeurs ou de ce qui en tient lieu que le politique a quelque chance de se structurer, de prendre forme. Les valeurs ne sont pas l'ornement précieux de l'« État européen » (terme évidemment provisoire !), elles en constituent la substance, comme l'espace territorial fini constitue celui de l'État des origines. Elles émergent en même temps que lui et ne peuvent être pensées indépendamment de lui : sécurité nous l'avons déjà noté, dignité, égalité, justice.

Les juges européens ont joué un rôle central dans ce processus d'émergence progressive en précédant le cours normal des évènements, c'est-à-dire la chronologie à laquelle nous avaient habitués les États : des valeurs (c'est-à-dire des droits) avant la constitution, et comme condition de celle-ci. Mais ce qu'ont fait ces juges, ce qu'ils font encore doit être interprété. Il est impossible, pour rendre compte de la spécificité d'une catégorie comme celle de droit fondamental par exemple, de s'en tenir à une représentation interne/externe consistant à s'interroger sur la part de la morale ou des valeurs dans la genèse de tels droits lesquels seraient seuls juridiques ou juridiques quand même, ou encore de manière plus générale sur les rapports entre les sciences sociales et le droit (sociologie, science économique, etc.). L'importance d'une analyse de type dialectique – nous y revenons – réside dans la réfutationd'un point de vue de ce type : elle permet de modifier le programme de la recherche en pratiquant, si l'on en croit certains auteurs, quelque chose qui s'apparente à l'analyse économique du droit : aller à la découverte de la juridicité ou des éléments de la juridicité inscrits dans les rouages de l'économie et de la société, en faisant donc de celles-ci un des maillons de la chaîne explicative que nous recherchons, et en voyant dans le droit de cette société particulière dans laquelle nous sommes un livre ouvert sur le monde.

C'est ici qu'il nous faut revenir à Llewellyn, à partir de l'analyse comparative des systèmes qu'il avait sous les yeux. Cette analyse le conduit à proposer une analyse des concepts juridiques positifs en termes spécifiques, comme autant de *diagnostics* portant sur une longue période, relativement à une situation donnée : le concept procède d'un cas et il est la solution typique donnée au problème soulevé par ce cas (par exemple : un meurtre prémédité, un héritage difficile). La question de lapérennité des concepts juridiques (ou celle del'existence possible ou supposée de métaconcepts devant servir d'armature à l'ensemble et de cadre à la représentation de cet ensemble) ne se pose donc pas : les concepts sont durables par nature. Ils ne sont pas pérennes, mais ils n'interviennent pas tous sur un même plan (nous voulons dire que les concepts juridiques n'opèrent pas sur le même mode, qu'ils n'ont pas la même espérance de vie, comme d'ailleursJhering à sa façon en avait déjà fait la remarque à propos du contrat, du droit successoral, de la théorie des nullités, etc.).

Il convient donc avant d'étudier de tels concepts et ce qu'ils recouvrent, avant de partir à leur recherche, réinventer le sens de certains mots : celui du mot théorie en particulier et aussi de ses rapports avec ce qu'il est convenu d'appeler la pratique. *Autrement dit, nous devons nous impliquer*. Ce n'est pas un manquement auxdevoirs les plus élémentaires de réserve qui s'imposent aux chercheurs : c'est un impératif fonctionnel. Cela implique que nous puissions le cas échant, relever certains décalages, certaines distorsions ou contradictions entre ce qui est énoncé – le droit positif – et ce que nous estimons, collectivement, devoir être dit – un autre droit, d'autres formules, d'autres concepts.

C'est là, dans cette participation critique que nous nous ménageons ou que nous devrions tendre à nous ménager que réside réellement l'articulation du fait et du droit. « Critique du droit » est un mot qui a de multiples sens comme le mot critique d'ailleurs[32]. Il faut supposer que nous sommes en mesure d'y procéder par nos propres moyens, sans perdre le fil, c'est-à-dire sans perdre contact avec les « réalités », autrement dit que le droit nous donne au moins jusqu'à un certain point les moyens de faire la critique du droit.

[32]Nous pensons en disant cela à la sociologie critique, celle de P. Bourdieu mais aussi, voulant prendre au minimum quelque distance avec la précédente (pourtant qu'est-ce que la critique qui prend ses distances avec la critique ?) celle de L. Boltanski, Cf. en ce sens L. Boltanski : *De la critique : précis de sociologie de l'émancipation*, Gallimard, 2009.

TITRE I – Le Passage du fait au droit : entre modes alternatifs de règlement des conflits et procédures contentieuses

Chapitre 1 - Les Modes alternatifs de règlement des conflits, entre mobilisation du fait et réalisation du droit

Les Modes Alternatifs de Règlement des Conflits,justice contractuelle ou justice juridictionnelle ?

par*Yves Strickler,*
Professeur à l'Université Nice Sophia Antipolis (UNS),
Directeur du Centre d'Études et de Recherches en Droit des Procédures (CERDP – EA n 1201)

Le sujet qu'il m'a été proposé de traiter est multipolaire. Les MARC (Modes Alternatifs de Règlement des *Conflits*), parfois nommés MARD (*différends*), d'autres fois MARL (*litiges*), en eux-mêmes, supposeraient une démonstration complète, certains de ces mécanismes visant à rapprocher les personnes qui s'opposent (conciliation, médiation extrajudiciaire comme judiciaire, procédure participative, etc.) là où d'autres visent à l'obtention d'une sentence qui résulte d'une démarche équivalente à celle d'un juge d'État, mais conduite par un juge privé ; c'est l'arbitrage. Une thèse de doctorat étant en voie d'achèvement sur le point de savoir si l'arbitrage constitue une alternative à la justice ou une justice alternative[1], je concentrerai mes propos sur la finalité de rapprochement des plaideurs, même si –ici ou là – quelques parallèles pourront être établis avec la justice arbitrale, d'essence contractuelle, mais de tendance de plus en plus juridictionnelle, non pas tant par le retour possible au juge de l'État en tant que juge d'appui ou juge de l'annulation, que par l'entrée dans sa sphère d'activité des principes directeurs qui forment le tronc commun de tout procès.

Dans l'intitulé de mon sujet, aux MARC s'ajoute le balancement entre une justice contractuelle et une justice juridictionnelle. Un brocard ancien s'est installé dans les esprits : « *Accord vaut mieux que plaid* ». Les grands auteurs ont contribué à en imposer la vertu : Molière n'écrivait-il pas : « *Quand il y aurait à essuyer que disent devant tout le monde de méchants plaisants d'avocats j'aimerais mieux donner 300 pistoles que de plaider* »[2]. Et Boileau d'ajouter : « *N'imite point ces fous dont la sotte avarice/Va de ses revenus engraisser la justice/Qui, toujours assignans et toujours*

---

[1] L. Dreyfus, thèse de doctorat, soutenance prévue à Strasbourg, début 2015.
[2] *Fourberies de Scapin*, Acte II, scène 7.

assignés/Souvent demeurent gueux de vingt procès gagnés (...)/Des sottises d'autrui nous vivons au palais »[3].

La messe est dite : toute démarche visant à rapprocher les plaideurs et fondée sur leur volonté propre apparaît désormais comme une solution idéale en vue du règlement des différends. Dans cette vision idéale, en présence de droits de libre disposition, la démarche entreprise, moins qu'un mode « alternatif », devient un mode « adapté » de règlement du différend en cause. Ce règlement du litige s'inscrit ce faisant dans une visée plus globale, les parties pouvant aborder leur conflit dans son ensemble, au-delà de la question de droit rencontrée avec, en outre, une meilleure perspective de résolution durable du différend ainsi traité. Pour mieux comprendre les enjeux que révèlent les MARC, il conviendra d'abord de se souvenir de leur essence contractuelle (I). Mais leur développement ne saurait aller sans limites posées à cette justice (II). C'est la part du juridictionnel.

I. L'essence contractuelle des MARC

Les MARC consistent en un ensemble de modalités multiples, confiées au soin des parties privées (A). Une tendance venant des Amériques vise à les insérer dans une démarche plus globale, annonçant une piste d'évolution possible dans leur développement (B).

A. Des modalités multiples entre les mains des parties

La multiplicité des MARC et leur proximité avec le judiciaire se reflète dans le vocabulaire qui, en la matière, manque parfois de précision. Ainsi, la lecture de l'article 1541 du Code de procédure civile laisse percevoir que le mot de « conciliation » doit se distinguer de celui d'« accord » ; et, dans le même temps, l'alinéa second du texte semble réunir les deux[4]. Il s'ensuit qu'une plus grande rigueur

---

[3] Epitre 2 à M. l'Abbé des Roches.

[4] Art. 1541 CPC : « *La demande tendant à l'homologation du **constat d'accord** est présentée au juge par requête d'une des parties à moins que l'une d'elles s'oppose à l'homologation dans l'**acte constatant son accord**.*

*Toutefois, lorsque **la conciliation met fin à un différend transfrontalier** la requête est présentée par l'ensemble des parties ou par l'une d'elles, sur justification du*

dans l'utilisation des expressions serait à promouvoir[5] : lorsqu'est utilisé le mot *accord*, il faut considérer que ce mot désigne tous les cas dans lesquels des personnes concluent ou recherchent un arrangement terminant un différend. On est, alors, dans un volet proprement conventionnel. Et pour marquer la nuance, il faudrait arrêter qu'avec le mot de *conciliation*, on passe à une dimension judiciaire du rapprochement des parties : c'est l'accord passé devant un juge.

S'ajoute la médiation, qui peut –elle aussi – trouver sa source dans une même division – conventionnelle ou judiciaire –, étant précisé que dans cette seconde occurrence, il est également imposé de recueillir l'accord des parties sur la procédure (art. 131-1 et 131-6 CPC). Enfin, une clause compromissoire ou clause d'arbitrage donne à un tiers-arbitre le pouvoir de juger en lieu et place de la justice d'État. Aussi est-il important de toujours vérifier le sens de la stipulation.

On ajoutera que l'expertise, quant à elle, vise à recourir à une personne dotée d'une compétence technique particulière pour qu'elle donne son avis sur un point d'une situation pour laquelle lesdites compétences lui permettront d'apporter ses lumières, tant aux parties qu'au juge. Là où l'arbitrage ou la conciliation visent la résolution du litige entre les parties, l'expertise permet de procéder à des analyses plus poussées. C'est pourquoi l'expert ne peut avoir pour mission de rapprocher les parties[6]... mais si elles devaient se concilier au cours

---

consentement exprès des autres parties. Ce consentement peut être contenu dans le constat d'accord.
Est transfrontalier le différend dans lequel, à la date où il est recouru à la conciliation, une des parties au moins est domiciliée ou a sa résidence habituelle dans un Etat membre de l'Union européenne autre que la France et une autre partie au moins est domiciliée ou a sa résidence habituelle en France ».

[5] V. M. Foulon et Y. Strickler, « Accords et force exécutoire », *Gaz. Pal.* 1er-3 sept. 2013, p. 9.

[6] Art. 240 CPC : « ***Le juge ne peut donner au technicien mission de concilier les parties*** ». Il se dit que l'origine de ce texte est à rechercher dans l'exaspération d'un premier président de la cour d'appel de Lyon, face à des experts qui, pour justifier le retard apporté dans le dépôt de leur rapport se justifiaient en avançant une conciliation en cours (et que le juge prévoyait, antérieurement, dans l'énoncé de la mission de l'expert). Il est à remarquer que devant la juridiction administrative, la solution est contraire : « *La juridiction peut, soit d'office, soit sur la demande des parties ou de l'une d'elles, ordonner, avant dire droit, qu'il soit procédé à une*

de la mission d'expertise, l'expert pourra constater que sa mission est devenue sans objet et en faire rapport au juge (art. 281 CPC)[7].

Dans tous les cas, les parties peuvent être à l'origine de la démarche et la contrôler. Elles auront même pu prévoir dans le contrat qui les lie, une clause de conciliationou demédiation. Et précisément, certains contrats, notamment d'exercice professionnel, subordonnent toute action judiciaire à une tentative préalable amiable obligatoire devant un tiers ou devant une autorité ordinale. La difficulté concernant ces clauses touche souvent à leur qualification. Ainsi et par exemple, la clause de conciliation — contrairement à l'arbitrage — ne permet pas au conciliateur de trancher le litige en cas d'échec de son office ; mais une telle clause empêche, si elle n'est pas respectée, de saisir un juge.

Les accords que les parties peuvent conclure en dehors de toute instance sont les suivants : transaction ; rupture conventionnelle du contrat de travail ; conciliation conventionnelle/conciliation devant le conciliateur de justice ; médiation conventionnelle ; conciliation devant la commission régionale de conciliation et d'indemnisation des accidents médicaux, des affections iatrogènes et des infections nosocomiales[8] ; conciliation entre un salarié inventeur et son employeur concernant un brevet d'invention devant la commission paritaire de conciliation ; procédure participative conventionnelle ; et il est possible d'associer à toutes ces hypothèses, la tentative préalable de conciliation devant le tribunal d'instance, devant la juridiction de proximité (art. 830 CPC), et devant le tribunal paritaire des baux ruraux (art. 882 CPC).

Il est d'autres accords qui se développent devant le juge ; il en sera question ultérieurement[9].

Au-delà de notre continent, en Amérique, les choses sont davantage

---

expertise sur les points déterminés par sa décision. ***La mission confiée à l'expert peut viser à concilier les parties*** » (art. R. 621-1 CJA).

[7] Par la suite, les parties pourront demander au juge « *de donner force exécutoire à l'acte exprimant leur accord* » (art. 281, al. 2 CPC).

[8] Art. L. 1142-5, L. 1142-14, R. 1142-22 C. santé publ.

[9] V. *infra*.

encore engagées dans une voie qui intègre le droit dans une démarche globale, tellement globale qu'il finit par apparaître comme un accessoire, voire un fragment perturbateur dans la recherche de l'équilibre de la personne. Ce constat appelle à s'interroger sur le développement de la justice contractuelle.

B. Le développement de la justice contractuelle

Certains avocats ont décidé de faire du droit, une « profession de santé ». C'est d'ailleurs ainsi que l'*Integrative Law Institute*[10] indique son objet : *Reclaiming Law as a Healing Profession.* Il est délicat de traduire l'expression d'*integrative Law.* « Loi intégrative » est insuffisant pour exprimer la réalité d'une démarche se voulant en réalité alternative au système judiciaire lui-même et visant à intégrer des méthodes associant biologie, neurosciences, sociologie, comportementalisme. Ce mouvement se veut constituer une approche globale d'une situation intégrant les parties et leurs différends de nature juridique en un système interdépendant complexe, avec le souci de respecter« les opinions, les perspectives et l'humanité de toutes les parties prenantes »[11]. La visée de cette méthode est à la fois restaurative, collaborative, thérapeutique, et même, de « coaching ». Car cette démarche consiste à passer du conflit à une forme de restauration du bien-être des personnes en différend, par une participation « significative à sa résolution »[12]. La recherche d'une harmonie rétablie semble alors prendre le pas sur le droit d'accès à la Justice. Certains propos sont, à cet égard, éloquents. L'*Integrative Law Institute* présente son approche et sa pratique par la métaphore de la vie sous la forme d'un manège, un grand-huit, qui comporte des hauts et des bas qui ne sont pas la réalité de la personne, car la réalité, c'est la plate-forme d'embarquement. Celle-ci représente le « moi », et donc la personnalité en dehors de toute tension sociale. Un lieu d'équilibre spirituel où, pour certains tenants de cette philosophie, le « système d'exploitation » de l'individu, qui est à la

---

[10] http://integrativelawinstitute.org

[11] http://www.cuttingedgelaw.com/page/integrative-law-movement-introduction : "*a system that includes and honors the opinions, perspectives and humanity of all stakeholders*".

[12] *Ibid.*

source de « tous les autres programmes », est au cœur de toute préoccupation[13]. L'approche pseudo-scientiste du conflit ne doit cependant pas faire oublier l'existence de la règle de droit qui a été méconnue. Toutefois, l'intérêt de l'*integrative Law* réside dans cette conviction que, en situation de crise, face au trajet qui s'annonce sur cette montagne russe, la plate-forme de départ est plus prometteuse si elle est faite de compassion et d'empathie, que de chaos ou de peur[14].

L'*integrative Law* n'a pas encore essaimé dans notre pays ; mais le développement des mécanismes alternatifs à la justice d'État – et spécialement leur visée conciliatoire – est aujourd'hui loué de toute part[15]. Un rapport émanant de l'*Institut des hautes études sur la justice*, de mai 2013, l'affiche même comme un objectif premier : « la règle doit être de proposer chaque fois un conseil, une transaction, une conciliation ou une médiation, le traitement juridictionnel devant être l'exception »[16].

La perspective tracée est belle et il faut, certes, lui rendre hommage. Mais il faut aussi prendre garde à ne pas abaisser sa vigilance au nom de la recherche d'une solution d'accord à tout prix. Des limites à la justice contractuelle sont à rappeler. Elles résident dans un impératif que forme la justice juridictionnelle.

---

[13] http://integrativelawinstitute.org : "*Reality is the platform from which you embark on your journey and to which you return when all the drama has ended – your place of spiritual poise or stasis*".

[14] *Ibid.*

[15] Comp. J. Poumarède, « La conciliation, la mal-aimée des juges », *Les Cahiers de la justice* n° 1, 2013, p. 127.

[16] Rapp., *La prudence et l'autorité. L'office du juge au XXIe siècle. Adde* et rappr. Rapp. J.-L. Nadal (*Refonder le ministère public. Commission de modernisation de l'action publique*), nov. 2013, proposition n° 30 pour la transaction pénale ; Rapp. P. Delmas-Goyon (*Le juge du 21ème siècle. Un citoyen acteur, une équipe de justice*), déc. 2013, propositions n° 15 et s. pour l'essor de la médiation ; Rapp. D. Marshall (*Les juridictions du 21ème siècle. Une institution qui, en améliorant qualité et proximité, s'adapte à l'attente des citoyens, et aux métiers de la justice*, déc. 2013, not. proposition n° 1.2.

II. Les limites à la justice contractuelle : l'impératif d'une justice juridictionnelle

La force du droit de l'État est qu'il émane d'un tiers, ce que la justice contractuelle ne peut qu'imparfaitement réaliser, même lorsqu'il est question d'arbitrage où la présence du juge d'appui comme de recours est une garantie de l'efficacité du système de justice privée. D'essence contractuelle, les alternatives à la démarche juridictionnelle sont épaulées par cette dernière quand elles ne sont pas encadrées par elle. De la sécurité que leur confère l'encadrement par la justice d'État (A), les MARC profitent aussi de la force qui émane de celle-ci (B), par l'homologation judiciaire de l'accord obtenu.

A. Épauler et encadrer les accords

L'encadrement par l'État des pratiques de justice privée est une garantie non seulement d'équilibre, mais encore de confiance. C'est ainsi que les premiers résultats du programme « *Go to mediation* » mené par la Commission européenne en partenariat avec le Centre de Médiation et d'Arbitrage de Paris[17] révèlent que 97 % des praticiens seraient « favorables à la mise en place d'un système national ou européen d'accréditation, ce qui permettrait peut-être de pallier au manque de confiance actuel dans le médiateur, principal frein au développement de la médiation »[18]. L'accréditation des médiateurs est donc, pour les personnes sondées, un outil nécessaire au renforcement de la confiance sans laquelle les MARC ne sauraient se développer[19].

De façon proche, le rattrapage des MARC par le juridictionnel se révèle dans la structure du mécanisme de la convention de procédure participative assistée par avocat. Celle-ci est autorisée dans tous les domaines dans lesquels les parties ont la libre disposition de leurs

---

[17] Créé en 1995 par la Chambre de commerce et d'industrie de Paris.

[18] http://www.lexisnexis.fr/depeches/index2.jsp?depeche=29-09-2014/01#top

[19] Et se souvenir que si le conciliateur bénéficie d'un statut spécial, n'importe quelle personne capable peut actuellement être choisie comme médiateur. Une autre différence doit être signalée : les services du conciliateur sont gratuits, alors que ceux du médiateur sont payants. Ceci étant, rien n'empêche le juge de choisir comme médiateur un conciliateur, si celui-ci ne demande pas une rémunération.

droits (art. 2064 C. civ.). Mais les personnes qui s'opposent ne peuvent s'engager dans ce processus que si le différend qui les oppose « n'a pas encore donné lieu à la saisine d'un juge ou d'un arbitre » (art. 2062 C. civ.). Ce « contrat spécial »[20]laisse aux parties et à leurs conseils la liberté de forger le cadre dans lequel ils vont opérer ; mais ce contrat débouche sur des règles processuelles précises. De sorte qu'à la période de formation du contrat succède celle de son exécution sous la forme de la procédure participative, puis la procédure d'homologation, donc une phase judiciaire, et – éventuellement – juridictionnelle, si le mécanisme ne débouche finalement pas sur l'accord espéré[21]. La technique contractuelle est ainsi mise au service du droit processuel. Les parties prennent les choses en main et « participent » à la solution de leur différend ; c'est là l'expression de leur liberté contractuelle. Mais la convention est nécessairement à durée déterminée. Et en cas d'impuissance des parties à s'accorder totalement ou partiellement, c'est le retour au juge qui s'impose.

Au-delà, si le rapprochement de ceux qui s'opposent est sans conteste utile dans les situations qui présentent une forte dimension sociale (en matière familiale, de voisinage, de conflits du travail…), d'autres situations appellent à plus de nuances et les « cercles de conciliation » (« peacemakingcircles ») et autres « méthodes douces », pourraient conduire à oublier, sur l'autel de la réconciliation, la recherche de l'équilibre légalement voulu. Les cercles de conciliation semblent en effet de peu d'intérêt, par exemple, dans les cas qui présentent un déséquilibre entre les parties en litige ; dans les situations où l'on attend que le droit soit dit ; dans les procès où le droit mérite clarification. Lorsque la situation de fait et de droit y invite, le glaive de la justice doit s'abattre et, dans une telle occurrence, la voie juridictionnelle n'a pas à constituer une exception, mais bien le principe d'intervention.

---

[20] F. G'sell-Macrez, « Vers la justice participative ? Pour une négociation "à l'ombre du droit" », *D.* 2010, p. 2450.

[21] Ce que prévoit d'ailleurs de manière expresse l'article 1543 du Code de procédure civile, qui énonce que la procédure « *se déroule selon une procédure conventionnelle de recherche d'un accord et se poursuit, le cas échéant, par une procédure aux fins de jugement* ».

Dans toutes ces occurrences, une marche forcée vers une solution *palabrée*– certains n'hésitent pas d'ailleurs à évoquer la justice traditionnelle –, ne saurait gommer le constat qu'il est des hypothèses dans lesquels la justice doit passer. Il est même des cas où attendre serait criminel. Car l'engouement très actuel pour une justice recentrée sur l'humain ne doit pas faire oublier qu'il est des situations d'urgence. Tout retard alors apporté à la solution du litige est injustice.

Les procédures alternatives à la solution des litiges ne doivent donc pas former, suivant en cela le mot prémonitoire du doyen Carbonnier,« une sorte d'acharnement, non pas thérapeutique, mais conciliatoire, ré conciliatoire, unanimiste, qui voit le fin mot de la justice civile non plus dans un échange d'argumentations rationnelles et une pesée de ces argumentations, mais dans un échange de baisers de paix à tout prix »[22]. Remarquons au passage que la dimension thérapeutique est, pour les tenants de *l'integrative Law*, une visée désormais expressément recherchée !

C'est peut-être mon esprit baigné de culture de la *vieille Europe* qui s'exprime dans la continuité de ces propos, mais aussi l'idée que la Justice ne se conçoit qu'associée à une certaine responsabilité dans le respect des normes, et à cet égard, le souhait –évidemment légitime – de favoriser un retour à la sérénité des personnes qui partaient pour s'entredéchirer, ne doit jamais installer un faux-semblant et une façon de refuser l'application du droit[23]. Car posons la question brutalement : en présence d'une réelle volonté de rapprochement d'un plaideur qui par hypothèse ignorerait son droit pourtant indiscutable à l'encontre de son « adversaire »[24], serait-il admissible que l'on privilégie la conciliation plutôt qu'une forme de « lutte pour le droit »[25] ? Une contradiction véritable, parfois évoquée dans la

[22] J. Carbonnier, « Regard d'ensemble sur la codification de la procédure civile », in *Le Nouveau Code de Procédure Civile : 20 ans après*, La Documentation française, 1998, spéc. p. 16.

[23] V. aussi M. Foulon et Y. Strickler, Contribution au Juris-Classeur Procédure civile, Fasc. 1000, V° « *Modes alternatifs de résolution des litiges. Conciliation. Procédure participative. Médiation* » (dern. mise à jour : 7 avril 2014).

[24] Ce mot *d'adversaire* étant d'ailleurs et sans aucun doute impropre dans la pensée de l'*integrative Law.*

[25] Sans pour autant évoquer R. vonJhéring (*Der Kampf um'sRecht*, Wien, 1872).

pratique de l'*integrative Law*, suppose que soit clairement rappelée la règle de droit applicable. Après tout, le concept de justice est habituellement approché comme visant à rendre à chacun le sien selon la belle formule des *Institutes* de Justinien[26]. Avant même d'accéder au juge, dans toute démarche intégrée, l'information loyale des parties et spécialement de la partie faible si elle existe, doit être tenue pour condition première et non négociable du mécanisme envisagé. Car l'autorité de chose jugée attachée à la transaction[27] fait que les justiciables se privent, sauf circonstances particulières, de leur droit d'accès au tribunal[28]. Un accord ne saurait intervenir « contre » le droit, contre l'essence même de la *Justice*. L'équilibre spirituel des litigants n'est pas de poids suffisant à aller à l'encontre de cette réalité-là. C'est dans cette limite impérative que les MARC peuvent prétendre à constituer une justice.

Mais il faut rappeler que le juge, s'il tranche les litiges en disant le droit[29], est aussi, dans l'exercice de sa mission, chargé d'une dimension conciliatoire : il « entre dans la mission du juge de concilier les parties », dit l'article 21 du Code de procédure civile et ce, tout au long de l'instance (art. 127). Concilier, c'est aussi rendre justice.

Les parties peuvent donc saisir un juge aux fins de tentative préalable de conciliation ; elles peuvent aussi le saisir afin de donner force exécutoire à leur accord obtenu en dehors de lui[30].

---

[26] Cl. J. de Ferrière, *Les Institutes de l'Empereur Justinien*, P. E. G. Durand éd., t. I, 1773.

[27] Art. 2052 C. civ. : « *Les transactions ont, entre les parties, l'autorité de la chose jugée en dernier ressort.Elles ne peuvent être attaquées pour cause d'erreur de droit, ni pour cause de lésion* ».

[28] Cass. soc., 21 mai 1997, n° 95-45.038, *JurisData* n° 1997-002204 ;*Bull. civ.* V, n° 185. –18 janv. 2012, n° 10-20.903, *JurisData* n° 2012-000485. –3 avr. 2013, n° 11-27.530, *JurisData* n° 2013-006406.

La transaction peut cependant et « éventuellement permettre à l'une des parties de se prévaloir de l'exception d'inexécution », ce que ne permet pas une décision de justice : Cass. 1re civ., 14 nov. 2012, n° 11-24.238, *JurisData* n° 2012-025877.

[29] D. d'Ambra, *L'objet de la fonction juridictionnelle : dire le droit et trancher les litiges*, LGDJ, 1994.

[30] À l'issue de la procédure guidée par le MARC choisi par les parties, le juge peut être saisi, soit pour homologuer leur accord total ou partiel, soit pour statuer sur l'entier litige ou la partie restante (art. 1556 CPC).

B. L'homologation des accords

La loi, pour désigner la procédure par laquelle le juge fait d'un accord entre particuliers un titre exécutoire, usait d'expressions variables. Tantôt les textes prévoyaient que le juge « donne force exécutoire » à l'accord, et tantôt qu'il homologue. Désormais, les textes retiennent le seul mot homologation, et ce, dans *presque* tous les cas. Plusieurs textes ont en effet été omis lors de la mise au net opérée, qui continuent à utiliser l'expression « donner force exécutoire »[31]. L'article L. 111-3 du Code des procédures civiles d'exécution est venu ajouter, dans la liste que le code donne des titres exécutoires, « les accords auxquels ces juridictions ont conféré force exécutoire ».

Il est pourtant une nuance entre ces deux expressions : car lorsque le juge donne force exécutoire, il se contente de donner à un acte cet effet de droit, sans pour autant approuver l'accord qui a été passé ; en revanche, lorsqu'il homologue, sa mission est plus complète : il approuve ce faisant l'acte qui lui est soumis. De sorte qu'il y a, en définitive, deux notions dans l'homologation : l'approbation du juge et l'attribution de la force exécutoire à un acte. Il en est ainsi dans le cas de l'article 373-2-3 du Code civil : « Les parents peuvent saisir le juge aux affaires familiales afin de faire homologuer la convention par laquelle ils organisent les modalités d'exercice de l'autorité parentale et fixent la contribution à l'entretien et à l'éducation de l'enfant. Le juge homologue la convention **sauf**s'il constate qu'elle ne préserve pas suffisamment l'intérêt de l'enfant ou que le consentement des parents n'a pas été donné librement ». Dans notre matière, le juge se borne à donner force exécutoire, sans approuver le contenu de l'accord. Car lorsque le juge homologue au sens de nos textes, il ne va pas dans le détail de l'accord ; il se contente de vérifier le respect de l'ordre public. Au lieu du mot « homologation »,il aurait donc mieux valu dire que la procédure transforme un titre en un titre exécutoire.

La diversité des modes de résolution amiable des différends explique qu'il n'existe pas de solution unifiée pour obtenir la reconnaissance de la force exécutoire d'un accord.

---

[31] Art. 281 et art. 384 CPC ; art. R. 615-29 CPI ; art. R. 50-12-1, al. 1er CPP.

Trois régimes en effet se côtoient :

1. Certains accords constituent un titre exécutoire. Il s'agit des accords transactionnels déposés au rang des minutes d'un notaire[32], mais aussi du procès-verbal de conciliation recevant un accord signé devant un juge (qui peut reprendre un accord obtenu en dehors de sa présence)[33].

2. D'autres accords supposent, pour avoir la qualité de titre exécutoire, le passage par une procédure d'homologation. Les textes du Code de procédure civile qui prévoient une telle procédure d'homologation concernent le cas de recours à un conciliateur de justice[34] comme à un médiateur judiciaire[35], mais aussi le cas d'homologation par le juge de la mise en état[36], et encore, la médiation conventionnelle, la conciliation conventionnelle menée par un conciliateur de justice et la procédure participative conventionnelle[37]. On notera que le « juge à qui est soumis l'accord ne peut en modifier les termes »[38]. Par conséquent, ou le juge homologue, ou il refuse de le faire.
   Avec la création du Livre V du Code de procédure civile intitulé « La résolution amiable des différends », il semble que deux procédures différentes ont été prévues pour obtenir l'homologation. Elle peut, d'abord, être celle de l'article 131 du Code de procédure civile, purement gracieuse ; elle peut, ensuite, être celle des « accords du Livre V », c'est-à-dire des articles 1528 à 1568 du Code de procédure civile[39].

---

[32] Art. L. 111-3 CPCE.
[33] Art. 131, al. 1er du CPC ; art. L. 111-3 du CPCE. V. en sens contraire, les sentences arbitrales, qui n'ont pas force exécutoires et doivent recevoir l'*exequatur* (art. 1487 du CPC).
[34] Art. 131, al. 2 du CPC.
[35] Art. 131-12du CPC.
[36] Art. 768 du CPC.
[37] Art. 1528 à 1568 du CPC, spéc. art. 1565 et 1566.
[38] Art. 1565, al. 2 visant la conciliation, la médiation et la procédure participative.
[39] V. spéc. M. Foulon et Y. Strickler, J.-Cl., préc., n° 96 et s.

3. Enfin, un troisième régime encadre l'exécution des actes étrangers et des titres français dans un autre pays, selon que les accords sont apparus dans un pays de l'Union européenne ou hors l'Union[40], et sachant que, pour l'Union, le Règlement n° 1215/2012 du 12 décembre 2012, applicable le 10 janvier 2015, modifie les règles et le règlement n° 44/2001 du 22 décembre 2000 parfois appelé *Bruxelles I*. Le nouveau système reconnaît la force exécutoire aux décisions européennes « sans qu'une déclaration constatant la force exécutoire soit nécessaire »[41] ; mais on constate que, par la suite, un contrôle juridictionnel pourra intervenir.

En définitive, les MARC, forment-ils une justice contractuelle ou une justice juridictionnelle ? Un peu des deux, assurément. Mais le mot le plus important, dans l'interrogation posée, reste indéniablement celui de *Justice* !

[40] *Ibid.*, v. spéc. n° 123 et s.
[41] PE et Cons. UE, règl. (CE) n° 1215/2012, 12 déc. 2012, art. 39.

La place croissante des modes alternatifs de règlements des litiges en droit privé : le modèle de la médiation familiale

Par *Pauline Charles*
Doctorante en droit privé à Aix-Marseille Université (AMU), AttachéeTemporaire d'Enseignement et de Recherche à l'Université Lumière Lyon 2,
Laboratoire de Droit Privé et de Sciences Criminelles (LDPSC)

Face à l'accroissement du nombre des litiges ainsi que de leur complexité, les regards se tournent aujourd'hui vers les modes alternatifs de règlement des litiges. Ces règlements amiables ne sont pas nouveaux, mais ils connaissent récemment un regain d'intérêt. Au cours des réflexions à propos de la justice du XXIe siècle, les modes alternatifs de règlements des litiges, et plus particulièrement la médiation, figurent parmi les éléments à renouveler pour pacifier les relations individuelles et permettre aux tribunaux de se recentrer les vrais questionnements juridiques. Après avoir été un peu en marge de notre droit, les modes alternatifs de règlement des litiges émergent de façon incontestable.

À propos du choix du terme de litige, on entend parler indifféremment de modes alternatifs de règlement des conflits ou des litiges[1]. Ces termes peuvent toutefois être distingués l'un de l'autre. Un conflit est un antagonisme intégrant des éléments très divers, qui n'ont pas, ou pas encore, de dimension juridique. Le litige est un différend présentant un caractère juridique, le litige serait donc envisagé dans ses rapports avec le droit du procès, c'est pourquoi ce terme sera préféré.

Le terme de mode alternatif de règlement des litiges regroupe différentes techniques qui permettent de résoudre le litige en dehors des tribunaux. Il faut différencier le processus de négociation tel que la procédure participative des procédures faisant appel à un tiers c'est-à-dire la médiation et la conciliation. La médiation c'est un

[1] V. A. Jeammaud, « Conflit, différend, litige », *Droits, revue française de théorie, de philosophie et de cultures juridiques*, 2001, p.15.

« processus structuré [...] par lequel deux ou plusieurs parties tentent de parvenir à un accord en vue de la résolution amiable de leurs différends, avec l'aide d'un tiers, le médiateur, choisi par elles ou désigné, avec leur accord, par le juge saisi du litige »[2].La conciliation se distingue de la médiation en ce que le tiers intervenant en qualité de conciliateur aurait seulement pour mission d'inviter les parties au dialogue tandis que le médiateur peut leur proposer des solutions[3]. La procédure participative quant à elle se déroule sans l'intervention d'un tiers[4]. Aux termes d'une convention, les parties définissent un processus de négociation au cours duquel les parties s'interdisent d'agir en justice.

L'étendue du champ d'application des modes alternatifs de règlement des litiges en droit privé est vaste[5]. Mais, d'une manière générale, ils peuvent être présents lorsqu'un lien contractuel a été établi. Ils interviennent surtout dans les différends entre particuliers en matière civile. Le domaine des règlements amiables désormais n'est plus borné à la matière contractuelle et plus largement aux matières dans lesquelles les parties ont la libre disposition de leurs droits. Ainsi, les règlements amiables prospèrent en matière familiale[6], alors qu'était autrefois discutée la légitimité d'y recourir.

Sur le contexte dans lequel se développent les modes alternatifs de règlement des litiges, si la recherche d'une solution amiable est une

---

[2] L. n° 95-125 du 8 fév. 1995 relative à l'organisation des juridictions et à la procédure pénale, et administrative, art.21, modifié par ord. n° 2011-1540 du 16 nov. 2011 portant transposition de la directive 2008/52/CE du Parlement européen et du Conseil du 21 mai 2008 sur certains aspects de la médiation en matière civile et commerciale.

[3] C. Peulve, « Médiation et conciliation. Des jumeaux... vrais ou faux? », *Gaz. Pal.*, 28 juin 2011, p.19.

[4] N. Fricero, H. Poivey-Leclercq, S. Sauphanor,*Procédure participative assistée par avocat*, Lamy, 2012.

[5] V. notamment, en droit de la consommation : E. Camous, *Règlements non juridictionnels des litiges de la consommation : contribution critique à l'analyse des modes alternatifs de règlement des conflits*, LGDJ, 2002 ; en droit du travail : L. Casaux-Labrunée, « Les modes amiables de règlement des conflits du travail en France », *Revue de droit comparé du travail et de la sécurité sociale*, 2014, n° 2, p. 76.

[6] L. Antonini-Cochin (dir.),*La résolution amiable des différends dans le contentieux familial,* Bruylant, 2014.

« aspiration persévérante de notre temps »[7], elle n'est pas propre à notre sociétéet n'est pas nouvelle puisque leurs origines remontent au procès romain. Mais surtout, elle constitue notamment le mode principal de règlement des litiges dans certains pays tels que la Chine et le Japon[8]. Au Québec aussi les modes alternatifs de règlement des litiges occupent une place importante en faisant une figure de précurseur dans le domaine de la médiation. Au Japon, la médiation notamment en matière familiale est pratiquée selon des modalités très particulières. En effet, le but consiste prioritairement à réconcilier les époux ou, pour le moins à régler en privé les conséquences de la désunion afin de ne pas faire étalage publiquement du conflit et une tentative de médiation est obligatoire avant tout contentieux familial. Puisant sa source dans la culture et la mentalité japonaises, la conciliation et la médiation occupent au Japon une place centrale dans le règlement du contentieux familial.

En ce qui concerne le choix de l'exemple, le développement de la médiation trouve souvent racine dans les conflits familiaux. C'est à partir de ce domaine que la pratique a trouvé son essor[9] et s'est étendue à d'autres branches du droit. Il faut toutefois noter une spécificité de la matière familiale qui la distingue des autres matières dans lesquelles il est possible d'avoir recours au règlement amiable. En effet, la matière familiale est imprégnée d'ordre public[10] et le principe d'indisponibilité de l'état des personnes ne permet pas d'éluder complètement le rôle du juge dans les litiges extrapatrimoniaux. L'accord pris par les parties ne peut être valable

[7] G. Cornu et J. Foyer, *Procédure civile*, P.U.F., 1996, n° 8, p. 49. V. aussi C. Jarrosson, « Médiation », in *Dictionnaire de la culture juridique*, dir. D. Alland et S. Rials, Lamy, P.U.F., 2003, p. 1010.

[8] I. Kitamura, « L'avenir de la justice conciliationnelle », in *L'avenir du droit : Mél.en hommage à François Terré*, Dalloz, P.U.F., éd. du J.-Cl., 1999, pp. 802-803.

[9] V. Egéa, « L'essor de la médiation familiale, un modèle pour les Modes Alternatifs de Règlement des Conflits ? », *Revue Lamy Droit Civil*, déc. 2011, art. n° 4476.

[10] A. Bénabent, « L'ordre public en droit de la famille », in *L'ordre public à la fin du XXème siècle*, dir. Th. Revet, Dalloz, 1996, p.28.

qu'avec l'homologation du juge[11].

Afin d'étudier la place croissante des modes alternatifs de règlement des litiges en droit privé, on s'intéressera tout d'abord aux fondements de l'intérêt grandissant qui est porté aux modes alternatifs de règlement des litiges en droit privé (I) puis à leurs perspectives de développement (II).

I.Les fondements de l'intérêt porté aux modes alternatifs de règlement des litiges : la procédure de médiation familiale et ses atouts

À propos des fondements de l'intérêt porté aux modes alternatifs de règlement des litiges en droit privé, la médiation familiale est une procédure structurée qui présente des atouts pour les justiciables (A) et les résultats d'une pratique menée depuis plusieurs années sont encourageants (B).

A. La médiation familiale : l'encadrement du processus

La médiation familiale s'inscrit dans un cadre juridique général relatif à la médiation, et les règles relatives spécifiques de la médiation familiale sont complémentaires à ce dispositif commun.

La médiation judiciaire est régie par la loi du 8 février 1995[12] et figure dans le Code de procédure civile aux articles L 131-1 et suivants[13]. Cette loi a été modifiée par l'ordonnance n° 2011-1540 du 16 novembre 2011[14] qui a transposé la directive (CE) du parlement européen et du Conseil du 21 mai 2008 sur certains aspects de la médiation civile et commerciale. Le cadre général tracé par l'ordonnance s'applique aussi bien à la médiation judiciaire qu'extrajudiciaire. Au titre de ces règles communes, une définition

[11] J. Hauser, « Le juge homologateur en droit de la famille », in *Le conventionnel et le juridictionneldans le règlement des différends*, dir. P. Ancel et M.-C. Rivier, Economica, 2001, p. 114.
[12] L. n° 95-125 préc.
[13] Décret n° 96-652 du 22 juill. 1996 relatif à la conciliation et à la médiation judiciaires.
[14]Ord. n°2011-1540 préc.

générale de la médiation est proposée[15]. Une déontologie de la médiation a été affirmée. Pour pouvoir exercer ses fonctions, le médiateur doit faire preuve de compétence et d'impartialité, il doit accomplir sa mission avec diligence. Le principe essentiel de la confidentialité de la médiation posé par la directive est également repris par l'ordonnance.

L'existence d'un cadre juridique général est complétée par des dispositions propres à la médiation familiale. Le particularisme de la médiation familiale tient davantage de la nature des conflits et aux relations particulières entre les personnes en conflit, donc à la pratique de la médiation qu'à son cadre juridique. Concrètement, c'est depuis la loi du 4 mars 2002[16]réformant l'autorité parentale que le juge aux affaires familiales peut recourir à la médiation en vertu de l'article 373-2-10 du Code civil, cette possibilité ayant ensuite été étendue en matière de divorce à l'occasion de la réforme opérée par la loi du 26 mai 2004[17] dans l'article 255 du Code civil. Par ailleurs, ce particularisme s'exprime aussi dans l'attention particulière qui lui est réservée par le législateur pour la promouvoir. Un arrêté du 8 octobre 2001[18] a créé le comité national consultatif de la médiation familiale auprès du ministère de la justice et de la famille chargé de proposer toutes les mesures utiles pour favoriser l'organisation de la médiation familiale et promouvoir son développement. Il tient aussi dans l'existence d'une profession spécifique de médiateur familial qui a été spécialement encadrée : le décret du 2 décembre 2003[19] relatif au médiateur familial et l'arrêté du 12 février 2004[20] modifiés par l'arrêté du 19 mars 2012[21] sont intervenus pour créer un diplôme d'État de

[15]La médiation, c'est un *« processus structuré par lequel deux ou plusieurs parties tentent de parvenir à un accord en vue de la résolution amiable de leurs différends, avec l'aide d'un tiers, le médiateur, choisi par elles ou désigné, avec leur accord, par le juge saisi du litige »*selon la loi n°95-125 préc.

[16] L. n°2002-305 du 4 mars 2002, V. *AJ Famille*, 2003, n° 2, dossier p. 48.

[17] L. n°2004-439 du 26 mai 2004, V. V. Leclercq, « la médiation familiale dans la loi du 26 mai 2004 », *Droit de la famille*, Oct. 2004, n° 10, p. 12.

[18] Arrêté du 8 oct. 2001 portant création du Conseil national consultatif de la médiation familiale.

[19]Décret n° 2003-1166 du 2 déc. 2003 portant création du diplôme d'Etat de médiateur familial.

[20]Arrêté du 12 fév. 2004 relatif au diplôme d'Etat de médiateur familial.

[21] Arrêté du 19 mars 2012 relatif au diplôme d'Etat de médiateur familial.

médiateur familial et qui structure la profession en donnant des garanties de formation[22]. Ce diplôme « atteste des compétences nécessaires pour intervenir auprès des personnes en situation de rupture ou de séparation afin de favoriser la reconstruction de leur lien familial et aider à la recherche de solutions répondant aux besoins de chacun des membres de la famille »[23]. Dans ces conditions, le médiateur familial tient lieu de garant d'un processus de médiation familiale équitable.

Si l'encadrement de la procédure de médiation familiale peut permettre d'aboutir à un accord équitable malgré l'éventuel déséquilibre entre les parties, encore faut-il que les parties se saisissent de cet outil.

B. Les résultats encourageants de la pratique de la double convocation

À propos de la pratique des modes alternatifs de règlement des litiges, il faut commencer par noter que les chiffres précis manquent, mais quelques observations s'imposent. La pratique de la double convocation a donné des résultats encourageants, mais force est de constater que les acteurs de la justice ne se sont pas encore réellement saisis de cet outil de résolution du litige.

La pratique de la double convocation permet au juge d'inciter les parties à se tourner vers la médiation familiale. Dans la procédure de divorce, l'article 255 du Code civil précise que « le juge peut proposer aux époux une mesure de médiation et, après avoir recueilli leur accord, désigner un médiateur familial pour y procéder ». L'article 373-2-10 alinéa 2 du Code civil utilise les mêmes termes afin de faciliter la recherche par les parents d'un exercice consensuel de l'autorité parentale. Il s'agit ici de provoquer une rencontre

[22] La formation préparant au diplôme comporte un volet théorique portant notamment sur le processus de médiation et l'intégration des techniques de médiation, mais également des règles essentielles de droit, de psychologie et de sociologie (315 heures au final). Elle comporte également un aspect pratique conduit par un référent professionnel dans un service de médiation familiale sous la forme d'un stage de mise en situation d'une durée de 105 heures en discontinu.

[23] Art. R. 451-66 du Code de l'action sociale et des familles.

d'information et non pas une obligation à engager le processus de médiation. La pratique de la double convocation consiste pour le juge lorsqu'il est saisi à fixer deux dates : l'une pour convoquer les parties à une rencontre avec le médiateur, l'autre pour tenir une audience. Des expérimentations informelles ont été menées depuis 2006 qui ont montré des résultats encourageants. La médiation familiale s'est avérée attrayante puisque les parties peuvent trouver une issue amiable à leur litige par la communication mise en place lors des séances de médiation et que le travail du juge aux affaires familiales est facilité. Les résultats de ces expérimentations informelles ont été convaincants puisqu'entre 60 % et 80 % des parties se sont rendues à la première convocation à l'issue de laquelle 60 % d'entre elles en moyenne auraient manifesté la volonté de poursuivre le processus de médiation[24]. Désormais, il y a une expérimentation officielle de double convocation grâce au décret du 12 novembre 2010[25]. En effet, en matière d'autorité parentale, ce décret vient préciser les modalités de mise en œuvre de l'injonction de rencontrer un médiateur familial puisque dans le cadre de l'article 373-2-10 du Code civil, le juge peut enjoindre aux parties de rencontrer un médiateur à titre d'information avant l'audience. Aussi, une loi du 13 décembre 2011[26] introduit une mesure d'expérimentation d'une médiation obligatoire avant toute saisine du juge aux affaires familiales, aux fins de modification des modalités d'exercice de l'autorité parentale ou de la contribution à l'entretien et à l'éducation de l'enfant dans le cadre du divorce ou de la séparation de corps. Cette expérience a été prévue jusqu'au 31 décembre 2014 et des exceptions sont prévues notamment si cette

---

[24] L. Weiller, « la médiation familiale », in *Les Transformations du contentieux familial*, dir. L. Weiller, P.U.A.M., 2012, p.59.

[25]Décret n° 2010-1395 du 12 nov. 2010 relatif à la médiation et à l'activité judiciaire en matière familiale; l'arrêté désignant les tribunaux de grande instance de Bordeaux et d'Arras pour expérimenter cette solution est finalement intervenu le 16 mai 2013, v. sur ce pointl'arrêté du 16 mai 2013désignant les juridictions habilitées à expérimenter la tentative de médiation familiale préalable à toute demande de modification de décisions relatives aux modalités de l'exercice de l'autorité parentale, à la contribution à l'entretien et à l'éducation de l'enfant ainsi qu'aux dispositions contenues dans la convention homologuée.

[26] L. n° 2011-1862 du 13 déc. 2011 relative à la répartition des contentieux et à l'allègement de certaines procédures juridictionnelles.

mesure compromet l'accès au juge dans un délai raisonnable[27].

Malgré la mise à l'honneur des modes alternatifs de règlement des litiges et plus particulièrement de la médiation familiale, peu nombreux sont ceux qui en connaissent effectivement les ressorts. Si l'opportunité de la médiation est accueillie favorablement par de nombreux professionnels comme par ceux qui en ont bénéficié, en 2006 elle n'est intervenue que dans 1 % des 36 000 affaires soumises aux juges aux affaires familiales[28]. La médiation est souvent peu comprise et se trouve face à des résistances sans fondement qui entravent son développement. Ces procédés n'ont pas encore le succès escompté ; les justiciables même s'ils critiquent la Justice préfèrent souvent qu'un juge tranche leur litige. Le souhaitest aujourd'hui d'inciter les justiciables à recourir au règlement amiable des litiges, même si notre culture n'y est pas encore adaptée. Il apparaît finalement que le développement d'une véritable culture de la médiation ne peut être envisagé qu'en prenant au sérieux le processus de médiation familiale qui nécessite des effortset une véritable implication de tous les intervenants.

Cette faible utilisation de la médiation familiale pose actuellement la question de la place de la volonté dans le recours à cette mesure et celui de savoir quel peut-être le pouvoir d'incitation du juge à la médiation familiale. Les professionnels insistent sur le fait que la médiation ne devrait pas constituer un préalable systématique à l'accès au juge parce que ce processus suppose une adhésion. Il est donc généralement préconisé de recourir à une séance d'information

---

[27]L'article 15 de la loi n° 2011-1862 du 13 déc. 2011 vise 3 exceptions :1° Si la demande émane conjointement des deux parents afin de solliciter l'homologation d'une convention selon les modalités fixées à l'article 373-2-7 du Code civil. 2° Si l'absence de recours à la médiation est justifiée par un motif légitime. 3° Si cette tentative de médiation préalable risque, compte tenu des délais dans lesquels elle est susceptible d'intervenir, de porter atteinte au droit des intéressés d'avoir accès au juge dans un délai raisonnable.

[28]Le rapport Guinchard de juin 2008 fait état, en 2006, de 360 000 affaires soumises aux juges aux affaires familiales ; elles ont donné lieu à 3 710 renvois en médiation, le rapport fait aussi état de 5095 tentatives extrajudiciaires de médiation familiale, S. Guinchard, *L'ambition raisonnée d'une justice apaisée*, Doc. Fr., 2008, p. 161.

plutôt qu'à une médiation familiale obligatoire[29]. Plusieurs voies sont envisageables, mais la voie d'une obligation ne semble pas être à privilégier. Le rapport de Mme Tasca et M. Mercier[30] suggère une voie médiane : lorsque le magistrat référent oriente un dossier vers la médiation, les parties pourraient être convoquées avant l'audience à une séance d'information. Le rapport réalisé sous l'égide de Monsieur Juston[31] propose d'enjoindre aux parents une rencontre préalable à la médiation familiale, ou un entretien préalable à la médiation familiale afin de favoriser l'adhésion des parents au processus. Une proposition de loi d'avril 2014[32] propose de concrétiser ces aspirations et suggère de permettre au juge de proposer une mesure de médiation et d'enjoindre de rencontrer un médiateur familial qui informera les parties.

Le constat d'une faible utilisation de la médiation familiale et des résultats encourageants de la pratique de la double convocation appelle à s'interroger sur les enjeux et les perspectives de développement des modes alternatifs de règlement des litiges.

II. Enjeux et perspectives de développement des modes alternatifs de règlement des litiges au travers de la médiation familiale

L'intérêt qui est porté aux modes alternatifs de règlement des litiges en droit privé est certain, car ils présentent des avantages dans la résolution du litige qui ne sont pas négligeables et qui font de leur développement un enjeu particulier (A). Par ailleurs, plusieurs rapports font leur promotion, particulièrement à propos de la médiation familiale,et visent à encourager leur développement (B).

---

[29] F. Vert, « La tentative de médiation obligatoire », *Gaz. Pal.*, 17-18 janv. 2014, p. 9.
[30] C. Tasca et M. Mercier, *Justice aux affaires familiales : pour un règlement pacifié des litiges*,Sénat, 26 février 2014, rapport d'information n° 404, p. 62.
[31]M. Juston et S. Gargoullaud, *Médiation familiale et contrats de coparentalité*, avr. 2014, proposition n° 9, p. 11.
[32]Proposition de loi n°1856 déposée le 1er avr. 2014 à l'Assemblée nationale par M. Bruno Le Roux relative à l'autorité parentale et à l'intérêt de l'enfant, art. 17, p. 16.

A. Les enjeux du développement : un enjeu de société et un enjeu de justice

Sur les enjeux du développement des modes alternatifs de règlement des litiges,en droit national, la médiation familiale engage des enjeux importants ce qui explique l'intérêt tout particulier qui lui est porté. Mais surtout, il s'agit ici de comprendre d'où vient cet intérêt de développer les modes alternatifs de règlement des litiges et quels sont les avantages humains, procéduraux et matériels qu'ils peuvent procurer.

Le développement des modes alternatifs de règlement des litiges, c'est tout d'abord un enjeu de société, le Conseil national consultatif de la médiation familialey voyant un « processus (de déconstruction ou) de reconstruction du lien familial axé sur l'autonomie et la responsabilité des personnes concernées »,c'est-à-dire une résolution consensuelle du litige qui permet de restaurer le lien familial aussi évolutif et divers qu'il puisse être. Dans un arrêt du 6 décembre 2011[33], à propos d'un divorce contentieux, et de droit de visite du père, la Cour européenne des droits de l'homme, préconise le recours à la médiation familiale parce qu'il peut « améliorer la communication entre les membres de la famille, réduire le conflit entre les parties en présence, produire des accords à l'amiable, assurer la continuité des liens personnels entre les parents et les enfants, réduire les coûts financiers et sociaux de la séparation et du divorce pour les parties elles-mêmes et pour les États ». Aussi, au titre des avantages, les modes alternatifs de règlement des litiges assurent en quelque sorte une justice de proximité[34] pour le justiciable. Le règlement amiable assure une proximité spatiale, car le justiciable n'est pas contraint de se rendre au Palais de justice ; une proximité temporelle, car la durée du temps de règlement est personnalisée ; une proximité sociale, car la solution est le résultat d'une libre négociation. Cette proximité assurée par les modes alternatifs de

---

[33] CEDH 6 déc. 2011, *CengizKilic c/ Turquie*, req. n° 16192/06, *AJ Famille*, 2012, n° 2, p. 103, obs. M. Rouillard.

[34] Sur le lien entre le retrait de la justice de proximité et les modes alternatifs de règlement des litiges : C. Mollard-Courtau, « Une justice de proximité en retrait face à la multiplication des modes alternatifs de règlement des litiges », *Gaz. Pal.*, 3 juill. 2012, p.12.

règlement des litiges permet une plus grande adhésion du justiciable à la décision qui le concerne et une certaine pérennité des accords.

Le développement des modes alternatifs de règlement des litiges c'est aussi un enjeu de justice. Le rapport Guinchard évoque le développement de la médiation comme étant un moyen de réaliser « l'ambition raisonnée d'une justice apaisée »[35], et le rapport Magendie met en avant que cela peut constituer une autre voie menant à la « célérité et à la qualité de la justice »[36]. Le recours aux modes alternatifs de règlement des litiges étant moins formaliste, cela permet aux parties d'adapter la procédure à la nature de l'affaire et aux circonstances qui l'entourent. Dans le cadre du procès, les parties ne maîtrisent pas le dénouement du litige. C'est donc notamment pour éviter cette incertitude de l'aléa de la décision de justice qu'elles ont recours aux modes alternatifs de règlement des litiges. En matière familiale et plus particulièrement dans le cadre d'un divorce, il est possible de proposer au juge une convention de divorce qui contient l'accord obtenu en médiation et qui permet de maîtriser l'issue du litige et d'emporter l'adhésion du justiciable à la décision qui le concerne[37]. La procédure qui découle de la médiation peut être plus rapide, elle est aussi moins onéreuse que les modes juridictionnels de règlement des litiges. Il y a moins de risque d'appel et de frais de procédures annexes avec un règlement amiable. Aussi, le risque d'échec des modes amiables de règlement des conflits n'apparaît pas très important puisqu'il ne fait pas obstacle à la saisine ultérieure d'un juge.

Enfin, le rôle des modes alternatifs de règlement des litiges n'a pas vocation à se développer en opposition au mécanisme judiciaire surtout en matière familiale,mais c'est bien dans un esprit de complémentarité qu'ils se développent. Ils s'inscrivent dans un système fondé sur la collaboration entre différentes professions dans le processus de décision. Elle constitue un outil pour résoudre un litige de façon amiable sans évincer le rôle du juge en matière familiale afin de rendre une justice plus personnalisée.

---

[35] S. Guinchard, *op. cit.*

[36] J.-C. Magendie, *Célérité et qualité de la justice : la médiation une autre voie?*, Doc. Fr., 2008.

[37] Art. 230 et 232 du C. civ.

Face à ces enjeux, le législateur et la doctrine portent un intérêt particulier au développement des modes alternatifs de règlement des litiges.

B. Les perspectives de développement : un renouveau de la médiation familiale ?

Plusieurs rapports font la promotion des modes alternatifs de règlement des litiges et font des propositions qui visent à en améliorer l'accès, la lisibilité et le développement.De façon assez récente, le rapport Delmas-Goyon consacré au juge du XXIe siècle[38] et le Juston et Gargoullaud consacré à la médiation familiale[39] notamment, mettent en avant l'intérêt que peuvent représenter les modes alternatifs de règlement des litiges et surtout ils reflètent les préoccupations contemporaines de la justice. Ce qui fait le point commun de ces rapports c'est bien le fait d'insister sur le développement des modes alternatifs de règlement des conflits et particulièrement de la médiation en proposant des voies pour permettre de les faire connaître et de les favoriser.

Le premier objectif qui transparait dans ces rapports c'est celui de rendre tous les acteurs de la justice concernés. La liste des propositions contenues dans le rapport rendu par Monsieur Delmas-Goyon en décembre 2013 sur le juge du XXIe siècle comprend 5 rubriques dont l'une s'intitule « favoriser le règlement amiable des différends, renforcer la participation des parties et de leurs conseils au déroulement des procédures et clarifier les rôles »[40]. Les nombreuses propositions de ce rapport invitent à une vision renouvelée des modes alternatifs de règlement des litiges et plus particulièrement la proposition n° 16 est une des plus intéressantes, car elle exprime le souhait de promouvoir dans les universités une culture de la médiation et faire assurer par les facultés de droit, ainsi que par l'École Nationale de la Magistrature et les écoles d'avocats, un enseignement méthodologique approprié. Cette proposition met en exergue

[38] P. Delmas-Goyon, *Le juge du XXIème siècle, un citoyen acteur, une équipe de justice*,Doc. Fr., 2013.
[39] M. Juston et S. Gargoullaud, *op. cit.*
[40] P. Delmas-Goyon, *op. cit.*,p. 14.

l'importance que peuvent avoir les professionnels du droit dans le développement des modes alternatifs de règlement des litiges. Il est nécessaire que ceux-ci se saisissent de ces nouveaux outils pour permettre d'informer les parties sur cette possibilité et surtout qu'ils sachent identifier les litiges qui peuvent se prêter à une médiation de ceux pour lesquels ce n'est pas souhaitable. Les rancœurs, les conflits particulièrement violents propres à la matière familiale notamment, rendraient la médiation basée sur la communication et les concessions réciproques inutile et stérile. Il y a des situations dans lesquelles il apparaît indispensable que le juge tranche.

Ensuite, le second objectif qui transparait c'est celui de rendre la médiation familiale lisible et accessible. À ce titre, le rapport sur la médiation familiale et les contrats de coparentalité invite le législateur à faciliter l'accès à la médiation familiale et à la rendre plus incitative. Une nouvelle définition de la médiation familiale est proposée qui insiste sur la finalité qui est « d'apaiser le conflit et de préserver les relations au sein de la famille »[41]. Parmi les propositions les plus intéressantes, il y en deux qui méritent notre attention :

1. La proposition n° 5[42] qui propose d'insérer dans les contrats de mariage et les pactes civils de solidarité une clause de recours à la médiation familiale. C'est assez ambitieux, mais cela permettrait une réelle incitation à la pacification du contentieux de la désunion.

2. La proposition n° 14[43] qui vise à pérenniser les financements de la médiation familiale en renforçant la prestation de service versée par les caisses d'allocations familiales pour les services de médiation familiale conventionnés en fixant un tarif national du coût par séance et par partie dans le cadre de l'aide juridictionnelle. Cette proposition semble vraiment intéressante car le financement de la médiation familiale est véritablement un des enjeux majeurs de son développement.

---

[41] M. Juston et S. Gargoullaud, *op. cit.*, proposition n° 4, p. 9.
[42] *Ibid.* p. 9.
[43] *Ibid.* p. 15.

Enfin, ces rapports invitent à une vision renouvelée de la médiation familiale. Le rapport sur la médiation parentale et les contrats de coparentalité propose en outre de créer la médiation accompagnement[44]. Les auteurs du rapport proposent que le juge aux affaires familiales puisse avoir recours à la médiation comme mesure d'accompagnement de l'exercice en commun de l'autorité parentale et non seulement comme mesure avant dire droit. Cette mesure donnerait une nouvelle dimension à la médiation en étendant son champ d'application.

Pour conclure, les modes alternatifs de règlement des litiges participent à la réalisation du droit et leur développement en droit privé, plus particulièrement de la médiation familiale,n'est pas la marque d'une conception purement théorique de la résolution du litige, mais celle d'une appréhension nouvelle du contentieux. Il est des cas dans lesquels la médiation peut aboutir. Par conséquent, on constate qu'au-delà des traductions techniques qu'impliquent les modes alternatifs de règlement des litiges, ceux-ci sont surtout une manière différente d'appréhender la situation des parties.

---

[44] *Ibid.*,proposition n° 22, p. 21.

Le développement des règlements conventionnels des litiges en droit administratif[1]

par *Laurent Jourdaa*
Docteur en droit public,
Avocat au Barreau de Toulon

« Un mauvais arrangement vaut mieux qu'un bon procès »
Honoré de Balzac, Illusions perdues

Évoquer la place qu'occupent les modes alternatifs de règlement des différends en contentieux administratif peut paraître, à première vue, paradoxal et inconciliable, entraînant une sorte de tiraillement entre « le monde des faits » et « le monde du droit ».

Pourtant, la contractualisation grandissante du droit administratif semble propice au règlement conventionnel, selon la nature des litiges. Il faut savoir que la doctrine, mais aussi les praticiens s'intéressent de plus en plus à ce phénomène qui s'inscrit dans le cadre d'une « déjudiciarisation du droit » ou d'une alternative à une justice traditionnelle rendue par un magistrat professionnel siégeant au sein d'une institution juridictionnelle.

Le recours aux modes alternatifs de règlement des conflits traduirait à la fois : un déclin de la loi et de l'emprise de l'État, synonyme de droit post-moderne[2] ; la volonté de rapprocher le citoyen de la justice ; la nécessité de restaurer un dialogue entre deux parties à travers la recherche du compromis par ce que le philosophe Jürgen Habermas appelle l'éthique de la discussion ; mais surtout prévenir les litiges obligeant le recours à la justice étatique pour trancher un différend selon la règle de droit. À travers les procédures alternatives, c'est une justice plus égalitaire et proche de l'intérêt des parties qui est recherchée afin de promouvoir une image de celle-ci synonyme de tempérance et non de force. Le professeur G. Cornu note aussi à ce

[1] L'auteur tient à remercier chaleureusement les organisateurs de ce colloque pour leur dynamisme et leur efficacité dans la coordination, la réalisation de cette manifestation sur une thématique originale et mobilisatrice.

[2] S. Boussard, « Modes alternatifs de règlement des litiges »,*J.-Cl Justice administrative*, fasc. 120, 5 août 2008 (dern. mise à jour 15 janv. 2011).

sujet que « les M.A.R.C. tendent à faciliter, à simplifier, à améliorer le travail judiciaire tout en allégeant les procédures conduisant les intéressés à la recherche de solutions moins ou non-contentieuses »[3].

La prévention du contentieux ou sa gestion par des techniques différentes est à la base des M.A.R.C. ou M.A.R.L., ce qui conduit naturellement à opérer une distinction entre le conflit et le litige. Le professeur Cadiet dans ses écrits souligne que le conflit a une signification plus large que le litige[4]. Ce dernier relève de la sphère juridique et appelle à une solution passant par le procès ou d'autres voies alternatives afin de répondre à « un besoin de régulation sociale dépassant le champ ordinaire de l'activité juridictionnelle » alors que le conflit prend sa source essentiellement dans les phénomènes sociaux qui sont à la base des théories durkheimiennes. Le recours aux modes alternatifs se comprend alors comme une influence de la sphère sociologique (domaine des faits) sur la sphère juridique (marquée par la contrainte et la puissance normative). La sociologie du droit n'est pas une discipline nouvelle (les travaux du Professeur Carbonnier faisant autorité en la matière) tout comme l'utilisation des modes alternatifs qui, selon l'expression du professeur Norbert Rouland, constitue ce « l'ordre négocié »en opposition à l'ordre accepté ou l'ordre contesté. En effet, la pratique des M.A.R.C., selon le professeur Cadiet, remonterait à l'Ancien Régime alors que la puissance étatique ne s'exerçait pas encore sur l'ensemble du royaume de France[5]. Il s'agissait d'une justice négociée sous la forme d'un contrat et non d'une justice réglée par une institution étatisée, centralisée et organisée sous la forme d'un procès pouvant constituer une menace pour l'ordre social. Par ailleurs, la pratique des M.A.R.C. n'est pas propre à la culture française ou européenne.

La justice conventionnelle ou le règlement conventionnel d'un différend est présent dans la culture nord-américaine sous l'appellation anglo-saxonne d'A.D.R (*Alternative Dispute Resolution*) et basée sur la contractualisation des rapports juridiques avec pour

---

[3] G. Cornu, « Les modes alternatifs de règlement des conflits. Rapport de synthèse »,*Revue Internationale de Droit Comparé*, 1997, n° 2, pp. 313 et s.

[4] L. Cadiet, « Panorama des modes alternatifs de règlement des conflits en droit français »,*RitsumeikanLaw Review*, n° 28, 2011, pp. 147 et s.

[5]*Ibid.* p. 149.

finalité la recherche par les parties en conflit d'une satisfaction financière équitable sans passer nécessairement par les institutions judiciaires traditionnelles.

Il s'agit, en somme, d'une sorte de privatisation de la justice à des fins économiques comme cela ressort, par exemple, de l'arbitrage pratiqué à la fois en droit du commerce international (droit privé), mais aussi en droit administratif dans des cas de moins en moins restreints, nous y reviendrons. Il faut ajouter que les modes alternatifs touchent toutes les disciplines du droit que ce soitle droit civil avec l'exemple de la médiation familiale, le droit pénal avec le système de la médiation ou de la composition,le droit du travail avec la conciliation ou encore le droit international qui évoque la question du règlement pacifique des différends selon les dispositions de la Charte de l'O.N.U.[6]. Parmi tout cet ensemble hétéroclite, seul le champ du droit administratif retiendra notre attention dans cette étude.

L'utilisation des articles du Code civil intéressant la médiation, la transaction ou l'arbitrage a fait l'objet d'adaptations législatives ou jurisprudentielles en droit administratif tout en respectant les spécificités de ce droit qui doit laisser une large place à l'action de l'administration et à son contrôle par le juge, notamment en matière d'appréciation de la notion d'ordre public qui possède une conception plus large qu'en droit privé. Nous en déduisons donc que la réussite ou l'échec de mesures alternatives en droit administratif est conditionné en grande partie par le rôle joué par l'administration et les juges, ces derniers récupérant leurs prérogatives contentieuses dès que lesdites mesures échouent ou apparaissent comme contraires à l'ordre public.

---

[6] Cf. le chapitre VI de la Charte des Nations Unies du 26 juin 1945 dont l'article 33 dispose en son sein : *« 1.Les parties à tout différend dont la prolongation est susceptible de menacer le maintien de la paix et de la sécurité internationales doivent en rechercher la solution, avant tout, par voie de négociation, d'enquête, de médiation, de conciliation, d'arbitrage, de règlement judiciaire, de recours aux organismes ou accords régionaux, ou par d'autres moyens pacifiques de leur choix.*
2. Le Conseil de sécurité, s'il le juge nécessaire, invite les parties à régler leur différend par de tels moyens ».

Dès lors pour comprendre l'influence du droit privé sur la pratique du droit administratif et *a fortiori* l'interdiction qui frappe certaines personnes publiques de recourir à des règlements conventionnels, il conviendrait avant tout de donner une définition précise de notions telles que le compromis, la transaction, l'arbitrage ou encore la médiation-conciliation. Tous ces termes ne sont pas étrangers au contentieux administratif aujourd'hui. Cela résulte de plusieurs phénomènes propres au droit administratif : la multiplicité du recours aux contrats notamment en matière de marchés publics ou de partenariats public/privé[7], une responsabilité administrative de nature pénale ouvrant droit à une indemnisation en matière d'accidents médicaux, un allégement des sanctions pécuniaires en matière de redressement fiscal, une amélioration significative des rapports entre administration et citoyens depuis la loi du 12 avril 2000 (D.C.R.A.) et une pratique plus large des recours administratifs préalables obligatoires permettant un dialogue avec l'administration avant toute phase contentieuse.

La définition donnée par le droit positif des modes alternatifs permet à la fois de les classer soit dans la catégorie des modes conventionnels comme la transaction ou plus récemment la convention de procédure participative instaurée par l'article 37 de la loi du 22 décembre 2010, soit dans la catégorie des modes institutionnels comme la médiation (qui est loin d'être neutre en droit administratif) avec la présence d'une tierce personne jouant aussi le rôle de conciliateur, soit dans une catégorie mixte comme l'arbitrage. Par ailleurs, les parties peuvent se concilier d'elles-mêmes, en dehors de tout procès et donc de tout litige, comme dans le cas de la transaction pratiquée en droit administratif. Cette dernière conduit

---

[7] Le contrat de partenariat est une alternative par rapport aux autres contrats administratifs que sont la délégation de service public ou le marché public. Il a été mis en place par une ordonnance n° 2004-559 du 17 juin 2004. Sa définition nous est donnée à l'article 1er : *« Le contrat de partenariat est un contrat administratif par lequel l'Etat ou un établissement public de l'Etat confie à un tiers, pour une période déterminée en fonction de la durée d'amortissement des investissements ou des modalités de financement retenues, une mission globale ayant pour objet la construction ou la transformation, l'entretien, la maintenance, l'exploitation ou la gestion d'ouvrages, d'équipements ou de biens immatériels nécessaires au service public, ainsi que tout ou partie de leur financement à l'exception de toute participation au capital ».*

à un accord entre les parties sur la base de l'article 2044[8] du Code civil auquel le juge administratif peut conférer force exécutoire à travers la procédure d'homologation. Cependant, les définitions fournies par le droit et notamment la loi semblent souvent en décalage avec la signification réelle accordée à ces concepts sociotechniques.

La pratique du contentieux administratif prouve qu'il n'existe pas vraiment de séparation nette entre ce qui relève des règlements conventionnels et ce qui relève du règlement institutionnel d'un différend : c'est le cas pour la transaction (cf. supra), mais aussi l'arbitrage. Enfin, si la pratique des M.A.R.C. en matière de procédure civile tend à devenir la règle, elle demeure plus limitée en contentieux administratif bien que la doctrine et la jurisprudence, interprètes de la réalité sociale, font évoluer cette pratique en droit public. Par exemple, l'article L. 211-4 du Code de justice administrative[9] donne compétence aux tribunaux administratifs pour exercer des missions de conciliation depuis une loi du 6 janvier 1986 (modifiée par une loi du 13 décembre 2011), et ce, au même titre que les dispositions de l'article 21[10] du Code de procédure civile. En outre, les dispositions de l'article L. 311-6 du Code de justice administrative précisent les cas où il est possible de recourir à l'arbitrage dans certains domaines et sous certaines conditions.

Devant ce constat, il conviendra d'analyser l'adaptation des modes conventionnels face à la spécificité du contentieux administratif (I) avant de démontrer l'intérêt du recours à une telle pratique qu'il faudra nuancer par les limites inhérentes à ces méthodes alternatives à la justice traditionnelle (II).

---

[8] Il définit la transaction comme étant*« un contrat par lequel les parties terminent une contestation née, ou préviennent une contestation à naître ».*

[9]En effet, *« dans les tribunaux administratifs et les cours administratives d'appel, les chefs de juridiction peuvent, si les parties en sont d'accord, organiser une mission de conciliation et désigner à cet effet la ou les personnes qui en seront chargées ».*

[10] En vertu de cet article, *« il entre dans la mission du juge de concilier les parties ».*

I. L'adaptation progressive des modes conventionnels de règlement des différends face aux spécificités du contentieux administratif

Il ressort de la transposition des modes de règlement conventionnels aux litiges administratifs deux composantes essentielles. D'une part, le rôle prédominant du juge administratif dans la maîtrise de la procédure contentieuse (A) et d'autre part, un encadrement assez strict de ces pratiques avec, pour toile de fond, le modèle du droit civil (B).

A. Le rôle prédominant du juge administratif dans la maîtrise de la procédure contentieuse

Le contentieux administratif se présente comme un contentieux de pouvoir mettant aux prises l'administration et ses usagers, agents publics ou tiers. Les rapports de force existants entre les parties ne sont donc pas toujours équilibrés. L'autorité de la personne publique et des actes qu'elle prend ne laissent a priori aucune place au consensus ou à la transaction. Durant longtemps, le droit administratif a occulté certains principes propres au droit privé comme l'a affirmé le Tribunal des conflits en 1873[11] où la compétence du juge judiciaire est écartée pour les litiges en rapport avec une activité de service public tout comme les dispositions du Code civil n'y sont pas applicables en vertu des lois révolutionnaires des 16-24 août 1790 (article 13) et du décret du 16 fructidor an III (séparation entre le contentieux judiciaire et le contentieux administratif). De plus, le contentieux administratif a été à ses débuts le contentieux de l'administration elle-même, qui le plus souvent était réglé de manière discrétionnaire par un représentant de l'État. En effet, la théorie du ministre-juge a perduré jusqu'à l'adoption d'une loi de 1872 marquant le passage de la justice retenue à la justice déléguée puis avec la décision du Conseil d'État du 13 décembre 1889[12] qui confie à ce dernier la compétence exclusive en premier ressort pour connaître des litiges administratifs.

---

[11] TC, 8 fév. 1873, *Blanco*, Rec. Leb. P. 61, concl. David.
[12] CE, 13 déc. 1889, *Cadot*, Rec. Leb., p. 1148.

Dès lors, le règlement des litiges échoit avant tout au juge administratif ce qui n'enlève pas au justiciable la possibilité d'éviter un recours contentieux en traitant directement avec l'Administration par l'intermédiaire de la procédure du recours administratif préalable qui, dans certains domaines, est ou devient obligatoire avant toute saisine du juge.

Le rapport publié en 2008 par Olivier Schrameck[13], sous l'égide du Conseil d'État préconisait l'extension des recours administratifs préalables obligatoires (R.A.P.O.) à certaines catégories comme en matière d'invalidation du permis de conduire résultant de la perte depoints ou s'agissant de litiges se rapportant à la fonction publique (État, Collectivités territoriales, Hôpitaux), mais aussi en droit des étrangers[14] et en matière pénitentiaire. À noter que ce caractère obligatoire existait déjà s'agissant, par exemple, de la communication de documents administratifs avec la saisine préalable de la Commission d'accès aux documents administratifs (C.A.D.A.).

On peut cependant s'interroger sur le caractère de cettegénéralisation des R.A.P.O. dans la mesure où elle peutautant être perçue comme un mode alternatif de règlement des litiges, en tant que mode conventionnel, que comme une simple phase précontentieuse.

Il faut savoir que les R.A.P.O. ne sont pas applicables pour tous les litiges et que le recours préalable lorsqu'il n'est pas obligatoire, ne peut dissuader les justiciables d'agir directement devant le juge administratif pour trouver une solution au différend. De plus, le recours préalable se présente sous diverses formes :il peut prendre soit la forme d'un recours gracieux devant l'auteur de la décision ; soit la forme d'un recours hiérarchique devant son supérieur ; soit la forme d'un recours devant une autorité administrative indépendante comme peuvent l'être certains médiateurs (exemple du médiateur du cinéma,

---

13 O. Schrameck, « Les recours administratifs préalables obligatoires à la saisine du juge : un mode souple de règlement des conflits »in *Les recours administratifs préalables obligatoires*, Doc. Fr., 2008.

14 Le contentieux des étrangers représente 24,6 % des affaires pendantes devant les juridictions administratives ; viennent ensuite, le contentieux de l'urbanisme avec 12,3 %, le contentieux de la police administrative avec 12,4 % et le contentieux fiscal avec 11,6 %. Cf. sur ce point, *« Annuaire des statistiques de la justice »*, année 2009-2010, Doc. Fr., p. 267 et s.

médiateur de la S.N.C.F. ou médiateur du C.N.R.S.) et certaines instances de médiation institutionnalisées[15]. Ce type de recours n'impose par contre pas à l'administration ou à l'autorité administrative saisie de modifier la décision litigieuse ou même de trouver un accord transactionnel avec la personne lésée dans le but d'éviter l'instance contentieuse à venir. Il n'oblige pas non plus l'administration à répondre de manière explicite et son silence gardé durant deux mois vaudra rejet de la demande malgré les dispositions de la loi du 12 novembre 2013 tendant à inverser cette pratique[16]. Par ailleurs, le recours préalable n'occulte pas la possibilité d'un recours devant le juge administratif comme nous l'avons vu plus haut puisqu'il proroge le délai de recours contentieux qui, en droit administratif, est en principe de deux mois[17]. En clair, comme le note le Professeur Vincent Tchen, le recours administratif préalable ne poursuivrait pas une finalité identique que les procédures de conciliation ou de médiation pouvant conduire à un accord conventionnel en dehors de tout cadre administratif ou juridictionnel[18]. L'obstacle majeur au règlement conventionnel d'un litige administratif provient finalement de la nature même de ce dernier, souvent dichotomique. Il sera, par exemple, plus difficile, voire impossible, de transiger en matière de contestation d'un acte

---

[15] Par exemple, le Défenseur des droits est une autorité indépendante mise en place par la réforme constitutionnelle du 23 juillet 2008. Son statut est défini par l'article 71-1 de la Constitution de 1958. Nommé par le Président de la République pour un mandat de six ans, cette autorité dispose de compétences larges ayant incombé par le passé au Médiateur de la République, au défenseur des enfants ou à la H.A.L.D.E en matière de prévention et de sanction des discriminations. Le Défenseur des droits est compétent également pour tout ce qui relève de la déontologie de la sécurité. L'actuel Défenseur des droits se nomme Jacques Toubon.

[16] Cf. l'art. 1 de la loi n° 2013-1005 du 12 nov. 2013 habilitant le Gouvernement à simplifier les relations entre l'administration et les citoyens. Il modifie les dispositions de l'ancienne loi du 12 avr. 2000 notamment en ce que *« Le silence gardé pendant deux mois par l'autorité administrative sur une demande vaut décision d'acceptation. La liste des procédures pour lesquelles le silence gardé sur une demande vaut décision d'acceptation est publiée sur un site internet relevant du Premier ministre. Elle mentionne l'autorité à laquelle doit être adressée la demande, ainsi que le délai au terme duquel l'acceptation est acquise »*.

[17] G. Darcy et M. Paillet, *Contentieux administratif*, Dalloz, 2000, p. 22.

[18] V. Tchen, « Recours administratifs »,*J.-Cl. administratif*, fasc. 1009, (dern. mise à jour 30 sept. 2013).

administratif unilatéral (acte d'autorité) dont le juge administratif se réserve d'apprécier la légalité – interne et externe – dans le cadre d'un recours pour excès de pouvoir plutôt qu'en matière de contestation de clauses contractuelles s'agissant des contrats administratifs (actes de gestion) conduisant à un recours de plein contentieux, sachant que les deux sont parfois liés[19]. De toute manière, la pratique des règlements conventionnels ne doit pas priver le juge administratif de la possibilité de protéger lui-même les droits fondamentaux des individus dans le cadre de procédures spécifiques prévues depuis la loi du 30 juin 2000 et notamment la procédure du référé-liberté de l'article L. 521-2 du Code de justice administrative[20].

La progression du recours aux modes conventionnels de règlement d'un différend entre personnes publiques ou entre une personne publique et une personne privée dépend*in fine* des textes de droit positif et de l'intervention du pouvoir prétorien visant à laisser une plus large place à ces modes alternatifs. Ils sont encouragés en partie par le droit de l'Union européenne surtout en matière de médiation[21] ou en matière de transaction puisque la circulaire du 6 avril 2011[22] arrête ses contours essentiellement aux contrats administratifs à l'instar des contrats de marché public, mais aussi s'agissant de la responsabilité pénale des personnes publiques (cas de la responsabilité hospitalière) nécessitant une indemnisation des victimes ou des dommages résultant de travaux publics. En somme, il s'agit des domaines du droit administratif saisis par des règles de droit privé comme nous allons le voir maintenant.

---

[19] A. Noury, « Les modes alternatifs peuvent-ils prospérer dans le contentieux administratif ? »,*D.* 2012, p. 1285 et s.

[20] C. Debbasch et J-C. Ricci, *Contentieux administratif*, Dalloz, 7ème éd., 2001, p. 512 et s.

[21]*« Développer la médiation dans le cadre de l'Union européenne »*, Etude du Conseil d'Etat, Doc. Fr., 2010.

[22] Circulaire du 6 avr. 2011 relative au développement du recours à la transaction pour régler amiablement les conflits.

B. L'encadrement textuel et jurisprudentiel des pratiques conventionnelles : les influences du droit civil

Les pratiques conventionnelles en droit administratif permettant de régler un litige à naître ou déjà né sans passer par un juge doivent nous amener à définir précisément ce qu'il faut entendre par convention. La convention s'entend comme un accord ou un contrat passé entre deux personnes. La notion de contrat renvoie avant tout au droit civil et au droit des obligations donc au droit privé. Par exemple, l'article 1101 du Code civil stipule que« le contrat est une convention par laquelle une ou plusieurs personnes s'obligent, envers une ou plusieurs autres, à donner, à faire ou à ne pas faire quelque chose ».Par ailleurs, le Code civil précise que le contrat est la loi des parties en vertu de l'article 1134 alinéa 1.

Dès lors la pratique de la transaction, synonyme d'accord ou de contrat[23], repose sur des bases identiques en ce qui concerne le règlement d'un différend entre deux parties, que ce différend résulte de l'exécution d'un contrat administratif stipulant par avance le recours à la justice contractuelle ou qu'il soit prévu par la loi. La transaction peut donc aussi être l'aboutissement de procédures de conciliation-médiation menées en amont avec l'intervention d'un tiers ou non. Le droit administratif est traditionnellement méfiant vis-à-vis de ces pratiques de contournement de la justice traditionnelle à des fins contractuelles et souvent économiques ne faisant que souligner certaines carences des juges dans le règlement d'un litige.

Afin de garder la main, la transaction est pratiquée de plus en plus sous le contrôle du juge administratif et des textes en vigueur. Le texte de référence utilisé par le juge administratif repose sur l'article 2044 du Code civil qui considère que« la transaction est un contrat par lequel les parties terminent une contestation née, ou préviennent une contestation à naître. Ce contrat doit être rédigé par écrit ».Ainsi, la réussite d'une procédure de transaction conduit à mettre un point final au procès en cours si les parties se trouvent devant le juge ou alors à prévenir un contentieux si l'accord est intervenu en dehors de l'institution juridictionnelle. Cependant, le respect de certaines règles

[23] R. Chapus, *Droit du contentieux administratif*, Montchrestien, 13ème éd., 2008, p. 132.

relatives à la forme comme au fond est nécessaire à la réussite de la transaction et le droit administratif reste particulièrement vigilant à ce sujet. Il s'agit, à titre d'exemple, de la capacité de certaines personnes publiques à transiger avec des personnes physiques ou morales de droit privé selon les dispositions de l'article 2045 du Code civil, de l'objet de l'accord qui doit être licite et des concessions réciproques émanant des deux parties permettant de qualifier l'accord de synallagmatique[24]. La transaction doit aussi reposer sur un accord écrit. Nous retrouvons, par ailleurs, à travers ces critères ceux applicables en droit civil et définis à l'article 1108 du Code civil[25].

En ce qui concerne la liberté de transiger, l'État[26] et les collectivités locales en bénéficient pleinement en vertu des articles 2045 du Code civil et L. 2131-1 du Code général des collectivités territoriales (C.G.C.T.). Pour ces dernières, l'exécutif local – le Maire ou le président du Conseil général – doit recevoir l'autorisation de l'assemblée délibérante afin de conclure une transaction selon les mêmes règles que celles applicables pour la conclusion de marchés publics. En revanche, les établissements publics sont soumis à une autorisation étatique si ce sont des établissements publics de l'État. La pratique montre néanmoins qu'ils sont autorisés à transiger de par leur statut, qu'ils soientadministratifs ou industriels et commerciaux.

S'agissant de l'objet de la transaction, il ne doit pas être illicite, c'est-à-dire qu'il doit respecter les règles d'ordre public. L'ordre public en droit administratif – qu'il soit de protection ou de direction – est apprécié plus largement qu'en droit privé où celui-ci repose sur les seules dispositions de l'article 6 du Code civil. Le Conseil d'État a pu

---

[24] Terme emprunté au droit des obligations. Un contrat est synallagmatique lorsqu'il crée des obligations envers les deux parties à la différence du contrat unilatéral. Le contrat de vente est un exemple parmi d'autres de contrat synallagmatique.

[25] Cet article indique : *« Quatre conditions sont essentielles pour la validité d'une convention : Le consentement de la partie qui s'oblige ; Sa capacité de contracter ; Un objet certain qui forme la matière de l'engagement ; Une cause licite dans l'obligation ».*

[26] Le juge administratif a reconnu à l'État la possibilité de transiger à travers plusieurs jurisprudences déjà fortes anciennes. Cf. CE 23 déc. 1887,*de Dreux-Brézé, évêque de Moulins*, Rec.Leb. p. 842 ; CE 17 mars 1893, *Compagnie du Nord, de l'Est et autres*, Rec. Leb. p. 245.

rappeler ce principe dans un important arrêt d'assemblée du 6 décembre 2002, *Syndicat intercommunal des établissements du second cycle du second degré du district de L'Hay-les-roses*[27]. Ainsi, une transaction ne pourrait intervenir en matière de police administrative ou encore dans le but de maintenir une décision illégale portant atteinte aux droits subjectifs d'un administré où la saisine du juge naturel doit rester ouverte afin d'assurer l'effectivité des droits protégés ou protégeables.

En réalité, ce qui fait l'objet d'un contrôle étroit par la jurisprudence en matière de transaction, c'est la finalité indemnitaire de cette procédure. Le juge administratif est très strict sur le montant des indemnités que peut accorder l'administration à la partie lésée. Par exemple, dans la décision précédente, le Conseil d'État estime que la réparation pécuniaire doit avoir un but précis et non apparaître comme une libéralité. L'administration ne doit en outre pas être amenée à verser une somme excessive par rapport au montant du préjudice[28]. Cette position avait déjà été adoptée lors d'une décision*Mergui*[29] où le Conseil d'État affirmait en substance qu'une personne publique ne peut être condamnée à payer une somme qu'elle ne doit pas. Ce principe est érigé en principe d'ordre public. C'est-à-dire qu'une transaction ne peut intervenir que pour régler un différend né ou à naître. Elle n'a pas pour objet de résoudre des questions hypothétiques ou de réduire des incertitudes.

Par ailleurs, le caractère transactionnel de l'accord reste soumis aux concessions réciproques que doivent faire les parties concernées. C'est un gage de réussite de la transaction révélateur de l'équilibre nécessaire à tout procédé alternatif de règlement d'un différend. Il témoigne aussi de l'influence du droit privé contractuel sur les contrats de droit public caractérisés, on le sait, par la présence de clauses exorbitantes. Cette réciprocité doit néanmoins se relativiser ; c'est le cas en matière fiscale où la passation d'une transaction souffre de multiples contraintes, notamment pour le contribuable qui sera par

---

[27] CE, 6 déc. 2002, *Syndicat intercommunal des établissements du second cycle du second degré du district de L'Hay-les-roses*, Rec. Leb., p. 433.

[28] A. Lyon-Caen, « Sur la transaction en droit administratif »,*A.J.D.A*, 1997, n° 1, p. 48 et s.

[29]CE, 19 mars 1971, *Mergui*, Rec. Leb., p. 235.

exemple sanctionné pénalement pour le non-paiement de ses impôts dans les délais requis. Dans ce cas, le contribuable peut transiger à titre gracieux avec l'administration selon les dispositions de l'article L. 247-3 et suivants du livre des procédures fiscales[30] ainsi que l'article 1727 du code général des impôts (modifié suite à la loi n° 2003-1311 du 31 décembre 2003) concernant l'atténuation des pénalités fiscales prononcées en cas de retard du justiciable dans le paiement de sa créance, sans que cela n'entraîne forcément d'atténuation de l'impôt principal qui est dû et, sans que le redevable ne puisse, par la suite, exercer un recours contentieux ou un référé fiscal. L'administration, pour ce cas de figure, conserve ses prérogatives de puissance publique alors qu'il s'agit bien au final d'une transaction conclue *équitablement* en dehors de tout procès devant le juge[31]. Cette particularité de la transaction fait dire au professeur Ricci que celle-ci est au fond « un acte unilatéral particulièrement discrétionnaire qui s'apparente plutôt au droit de grâce traditionnel dévolu au chef de l'État »[32].

Nous pouvons alors prétendre que la transaction en matière administrative est plutôt synonyme d'acquiescement puisqu'au final la

---

[30] Cet article dispose : *« L'administration peut accorder sur la demande du contribuable ;*
1° Des remises totales ou partielles d'impôts directs régulièrement établis lorsque le contribuable est dans l'impossibilité de payer par suite de gêne ou d'indigence ;
2° Des remises totales ou partielles d'amendes fiscales ou de majorations d'impôts lorsque ces pénalités et, le cas échéant, les impositions auxquelles elles s'ajoutent sont définitives ;
3° Par voie de transaction, une atténuation d'amendes fiscales ou de majorations d'impôts lorsque ces pénalités et, le cas échéant, les impositions auxquelles elles s'ajoutent ne sont pas définitives.
L'administration peut également décharger de leur responsabilité les personnes tenues au paiement d'impositions dues par un tiers.
Aucune autorité publique ne peut accorder de remise totale ou partielle de droits d'enregistrement, de taxe de publicité foncière, de droits de timbre, de taxes sur le chiffre d'affaires, de contributions indirectes et de taxes assimilées à ces droits, taxes et contributions ».

[31] Il faut noter que le contentieux fiscal est celui qui donne lieu le plus souvent à une procédure de transaction tout comme les litiges en matière de chasse et de pêche ou les litiges se rapportant aux attroupements.

[32] G. Chavrier, « Réflexions sur la transaction administrative »,*R.F.D.A.*, 2000, p. 548 et s.

transaction sera revêtue de l'autorité de chose jugée en dernier ressort selon les dispositions de l'article 2045 du Code civil permettant au juge administratif ou au juge judiciaire dans certains cas, d'intervenir pour homologuer le contrat et lui donner force exécutoire. Mais cette demande faite aux juges ne se limite qu'à des situations particulières, car la transaction a, en elle-même, force exécutoire. Elle est, par la suite, insusceptible de recours que ce soit sur le fondement de l'erreur de droit ou pour cause de lésion. En revanche, le refus d'homologation de l'accord par les juges peut faire l'objet d'un recours puisqu'il entraîne la nullité de la transaction[33]. Néanmoins, le juge administratif dans sa décision précitée *Commune de l'Hay-les-roses*[34], a pu dégager de manière prétorienne, en dehors des dispositions de l'article 1441-4 du Code de procédure civile[35] concernant l'homologation des transactions par le juge judiciaire, le principe selon lequel une demande d'homologation d'une transaction présentant des difficultés particulières d'exécution est possible alors même que la procédure conventionnelle a eu lieu en dehors de toute instance juridictionnelle. L'homologation, en pouvant aussi découler d'une transaction réalisée en cours d'instance devient une sorte de contrat judiciaire ou de jugement d'expédient, c'est-à-dire un compromis entre le juge et les parties. C'est ce qui ressort de la décision *Mergui* précitée où l'État reconnaissant sa responsabilité envers des personnes privées a accepté de leur verser une indemnité sous le contrôle du juge homologuant l'accord[36]. Une décision plus récente du 10 février 2014[37] montre que le juge administratif porte la plus grande attention à la procédure d'homologation de la transaction tant en ce qui concerne le fond que la forme puisqu'en l'espèce était contestée l'absence de signature du Préfet sur un protocole d'accord. Par ce mécanisme, le juge garde la maîtrise sur les procédures alternatives, en jouant un rôle actif

---

[33] Y. Desdevises, « Les transactions homologuées : vers des contrats juridictionnalisables ? »,*D.*, 2000, chron. p. 284 et s.

[34]CE, 6 déc. 2002, *Syndicat intercommunal des établissements du second cycle du second degré du district de L'Hay-les-roses, préc.*

[35]Selon cet article, c'est le président du tribunal de grande instance qui, sur la base d'une requête, confère force exécutoire à l'acte qui lui est présenté.

[36] S. Boussard, « Modes alternatifs de règlement des litiges »,*op.cit.*,p. 2.

[37] CE, 10 févr. 2014, *SA. Gecina*, Rec. Leb., T.

d'intermédiaire, en vérifiant notamment les clauses du contrat qui ne doivent pas, en droit administratif, être contraires à l'ordre public.

Il faut maintenant analyser une autre pratique qui se développe de plus en plus en contentieux administratif, notamment sous les feux de l'actualité, c'est-à-dire l'arbitrage.

L'arbitrage, à première vue, est à la fois un mode conventionnel de règlement d'un différend (puisque le recours à l'arbitrage doit résulter d'un accord des parties), mais c'est aussi un mode juridictionnel d'un type particulier car l'arbitre est un juge privé qui se substitue aux juges étatiques ordinaires pour rendre une sentence faisant office de jugement. L'arbitrage n'est donc pas à proprement parler un mode alternatif de règlement d'un litige, c'est plutôt une alternative radicale à la justice de droit commun puisquela sentence rendue par le ou les arbitres pourra reposer sur le principe d'équité de par ce que l'on appelle l'amiable composition.

Le professeur Motulsky a, dans ses écrits, parlé de l'arbitrage comme d'une justice privée conventionnelle[38]. Le professeur Jarrosson a défini l'arbitrage comme « l'institution par laquelle un tiers règle le différend qui oppose deux ou plusieurs parties exerçant la mission juridique qui lui a été confiée par celles-ci »[39].

Le recours à l'arbitrage n'est pas propre au droit administratif. Il relève essentiellement du droit privé et notamment du droit commercial au niveau international ce qui s'explique à la fois par la volonté des parties d'échapper à la contrainte posée par les législations étatiques ; d'échapper aussi à la contrainte des juridictions nationales par le recours à une institution indépendante qui parfois est temporaire afin de régler un différend dans une affaire particulière suite à la signature d'un compromis ou par l'application d'une clause compromissoire ou parfois permanente. Nous pouvons prendre

---

[38] L. Richer, « Les modes alternatifs de règlement des litiges et le droit administratif »,*A.J.D.A.*, 1997, n° 1, p. 3 et s.

[39] C. Jarrosson, « L'arbitrage en droit public »,*A.J.D.A.*, 1997, n° 1, p. 16 et s.
Cf. aussi du même auteur, « Les modes alternatifs de règlement des conflits. Présentation générale », *Revue Internationale de Droit Comparé*, 1997, n° 2, pp. 325-345.

l'exemple du tribunal arbitral du sport[40]créé en 1984, siégeant à Lausanne et qui est compétent pour se prononcer sur toute affaire impliquant des acteurs du monde sportif. L'arbitrage apparaît ainsi, à la fois, comme une procédure facilitant la rencontre entre deux parties sur un désaccord bien précis, mais aussi comme une procédure utilisée à des fins économiques. Il se rapproche en cela de la procédure de transaction et comme un moyen ultime et radical de régler un litige ou de le prévenir pour obvier un contentieux juridictionnel.

Il faut savoir qu'en droit administratif, l'arbitrage est par principe prohibé pour les personnes publiques conformément aux dispositions de l'article 2060 du Code civil qui dispose : « On ne peut compromettre sur les questions d'état et de capacité des personnes, sur celles relatives au divorce et à la séparation de corps ou sur les contestations intéressant les collectivités publiques et les établissements publics et plus généralement dans toutes les matières qui intéressent l'ordre public. Toutefois, des catégories d'établissements publics à caractère industriel et commercial peuvent être autorisées par décret à compromettre ». La doctrine du droit administratif du début du siècle, à l'instar d'Édouard Laferrière ou du commissaire du gouvernement Romieu, s'était déjà opposée au recours à une telle pratique. *De facto*, les personnes publiques qui choisiraient un tel procédé contreviendraient à des dispositions d'ordre public. Ces dispositions interdisent de se soustraite à la compétence exclusive du juge administratif en matière contentieuse comme l'avait rappelé le Conseil d'État[41]. Ce dernier confirma sa jurisprudence dans un célèbre avis du 6 mars 1986[42] qui concernait la

[40]Le Tribunal Arbitral du Sport (T.A.S.) est une institution indépendante mettant au service du sport international une organisation apte à trancher tous les litiges juridiques ayant un lien avec le sport dans des délais très brefs et à un coût moindre. Le T.A.S. a été créé en 1984 et est placé sous l'autorité administrative et financière du Conseil International de l'Arbitrage en matière de Sport (C.I.A.S.). Le T.A.S. compte près de 300 arbitres choisis pour leurs connaissances spécifiques de l'arbitrage et du droit du sport. Ils proviennent de plus de 80 pays différents. Environ 300 procédures sont enregistrées par le T.A.S. chaque année.

[41] CE, Ass., 13 déc. 1957, *Société nationale de Vente des Surplus*, Rec. Leb., p. 677.

[42] CE, avis n°339710, 6 mars 1986,*Eurodisneyland* ;*E.D.C.E.*, 1987, n° 38.

construction du parc d'attractions d'*Eurodisneyland*à Marne-la-Vallée, nous y reviendrons.

Cependant, la réalité montre des évolutions allant dans le sens d'une ouverture de la procédure d'arbitrage à condition qu'une loi, qu'un décret ou qu'une convention internationale l'autorise. Par exemple depuis une loi du 9 juillet 1975, les Établissements publics industriels et commerciaux qui exercent des missions de service public tout en présentant un mode de fonctionnement les rapprochant d'entreprises privées peuvent recourir à l'arbitrage soit par compromis soit par l'insertion, dans un contrat ou une convention, d'une clause compromissoire permettant d'anticiper la survenance d'un différend en prévoyant une procédure arbitrale. Nous pouvons citer la S.N.C.F. dont les dispositions de l'article L. 2141-5 du code des transports, issues de l'ordonnance du 28 octobre 2010, prévoient que « la Société nationale des chemins de fer français a la capacité de transiger et de conclure des conventions d'arbitrage ».Il en va de même pour R.F.F. (article L. 2111-14 du code des transports). En réalité, la licéité du recours à l'arbitrage pour les établissements publics industriels et commerciaux ne se pose pas étant donné leurs caractéristiques qui les rapprochent de la logique commerciale et donc du droit privé. D'ailleurs, le contentieux impliquant les E.P.I.C. relève, sauf rares exceptions, de la compétence du juge judiciaire depuis maintenant un peu moins d'un siècle[43].

Aujourd'hui, ce ne sont plus seulement les E.P.I.C. qui ont la capacité de recourir à l'arbitrage, mais tout un ensemble de personnes publiques dans des domaines élargis qui touchent essentiellement aux contrats administratifs notamment en matière de passation de marchés publics de travaux ou de fournitures (article 128 du C.M.P.) ou de contrats de partenariats tels que prévus par l'ordonnance du 17 juin 2004 (articles 11 et 14). C'est grâce aux réflexions menées par un groupe de travail sur l'arbitrage des personnes publiques ayant conduit à la publication du rapport Labetoulle le 13 mars 2007 que des avancées significatives ont vu le jour en matière de pratique arbitrale en droit administratif[44]. Les dispositions du Code administratif ont été modifiées pour faire face à cette pratique avec l'insertion d'un

---

[43]TC, 22 janv. 1921, *Société commerciale de l'Ouest africain*, Rec. Leb., p. 91.
[44] D. Labetoulle, *Groupe de travail sur l'arbitrage*, mars 2007, Doc. Fr.

important article : l'article L. 311-6[45] qui énumère les cas où un arbitrage est possible. De même, en matière de procédure civile, un décret du 13 janvier 2011 portant réforme du droit de l'arbitrage est venu confirmer les liens étroits qui unissent les règles de droit privé et celles de droit public[46] (cf. les articles 1520 et s. du Code de procédure civile).

En somme, il est intéressant de constater que le développement du droit conventionnel en matière de résolution des litiges conduit à une convergence des principes applicables à la fois en droit privé et en procédure civile, mais aussi en droit du contentieux administratif et ce afin de répondre de façon concrète aux réalités sociales et culturelles.

II. L'effectivité des règlements conventionnels et leur impact sur le contentieux administratif

L'impact sociotechnique de ces mesures est intéressant à évaluer au travers de la multiplication du recours aux modes alternatifs comme complémentarité par rapport aux voies juridictionnelles classiques par l'élaboration de mécanismes souples et collaboratifs (A) mais qui ne sont pas sans poser certaines limites ou créer certaines contraintes (B).

A. Une gestion souple et humaine des conflits face au phénomène de multiplication des recours contentieux

Comme a pu le rappeler le vice-président Sauvé en ouverture d'un colloque sur les développements de la médiation,« les modes alternatifs de règlement des différends sont un enrichissement de la réponse judiciaire aux litiges et non un substitut à celle-ci »[47].À travers cette citation, il défendait un modèle de justice alternative laissant une grande place au dialogue entre le juge et les parties. Si l'on parle beaucoup, et à juste titre d'ailleurs, de règlement conventionnel des litiges pour régler un différend ou le prévenir par la

[45] Il permetde recourir à l'arbitrage dans certains cas prévus et énumérés.

[46] T. Clay, « Arbitrage et modes alternatifs de règlement des litiges »,*D.*, 2012, p. 2991.

[47] J.-M. Sauvé, Intervention en ouverture du colloque sur les développements de la médiation organisé par le Conseil d'Etat à la Chambre de commerce et d'industrie de Paris le 4 mai 2011, in *Les développements de la médiation*, Doc. Fr., 2012.

signature d'un accord (exemple de la transaction), le droit administratif n'évoque pas assez ce qui peut conduire à de tels accords notamment par l'utilisation, en amont, de procédés de médiation ou de conciliation – si tenté que l'on puisse opérer une distinction entre ces deux notions[48] – ni du rôle fondamental que peut jouer le juge dans l'aboutissement de celui-ci en tant que médiateur. Le mot médiation qui vient du latin *mediare* signifiant milieu (le milieu pouvant être entendu aussi comme environnement social) n'est pas employé dans son sens originel en ce qui concerne la pratique du contentieux administratif. La médiation s'appréhende essentiellement à travers un regard sociologique, voire philosophique, qui la situe dans une logique d'entre-deux, entre l'inertie et l'opposition. Dans l'idéal, le médiateur pourrait se présenter sous les traits imagés du passeur d'âme Charon permettant d'aider les parties à dégager une solution permettant à la fois de concilier la réalité sociale (le droit tel qu'il devrait être) et l'idéologie du droit (le droit tel qu'il est).Ce dernier, à travers l'aspect qu'il lui donne, confond la notion de médiation avec celle de conciliation si bien que l'on parle de médiation-conciliation en droit administratif. Le médiateur ou le conciliateur, en tant que tiers saisi de l'affaire, n'est pas tout à fait neutre et représente bien souvent les intérêts de l'administration dès lors que la médiation est institutionnalisée[49]. Certaines procédures de médiation ne participeraient donc pas à l'accompagnement positif des parties vers une solution transactionnelle des parties afin de mettre un terme à leur différend. En revanche d'autres s'y engagent, comme en matière de contrat de marché public ou de responsabilité administrative hospitalière.

- En matière de marché public, selon l'article 127 du Code des marchés publics[50], une procédure de conciliation peut avoir

---

[48] F. Munoz, « Les modes alternatifs de règlements des litiges. Pour une logique de conciliation »,*A.J.D.A.*, 1997, n° 1, p. 41 et s.

[49] M. Guillaume-Hofnung, « La médiation »,*A.J.D.A.*, 1997, n° 1, p. 30 et s.

[50]*« **Les pouvoirs adjudicateurs et les titulaires de marchés publics peuvent recourir aux comités consultatifs de règlement amiable des différends ou litiges relatifs aux marchés publics dans des conditions fixées par décret.***

Ces comités ont pour mission de rechercher des éléments de droit ou de fait en vue d'une solution amiable et équitable.

lieu en accord avec les parties devant des comités consultatifs de règlement amiable (C.C.R.A.) composés d'experts et notamment de magistrats administratifs qui donnent un avis concernant un litige opposant l'administration à son cocontractant. Cet avis peut déboucher alors sur une transaction ou sur une procédure d'arbitrage élaborée selon les modalités de l'article 128 du Code des marchés publics. La transaction s'avère un procédé efficace et souple en ce qui concerne le droit des contrats administratifs que ce soit en matière de marché public mais aussi de délégation de service public et autres types de contrat à condition qu'une entente, qu'un dialogue soit intervenu en amont entre l'administration et son cocontractant afin d'éviter que le juge administratif n'annule *a posteriori* l'accord passé pour irrégularités dans les procédures[51]. Ces irrégularités ne peuvent résulter, au demeurant, de la participation d'un magistrat de l'ordre administratif à la procédure de conciliation ayant donné lieu à une transaction en vertu de l'article L. 211-4 du Code de justice administrative (cf. supra).

Dans un arrêt *Tête* du 22 février 2008[52], le Conseil d'État releva l'absence d'impartialité à propos de la participation d'un magistrat – en l'espèce le Président du Tribunal administratif de Lyon – à une procédure de transaction entre une communauté urbaine et une société concessionnaire qui fut, par la suite, contestée devant la juridiction administrative par un contribuable s'estimant lésé par la résiliation du contrat de concession. Au surplus, n'oublions pas que la transaction peut aussi avoir, dans certains cas, un but stratégique pour la personne publique afin d'éviter les sanctions pécuniaires plus lourdes prononcées par le juge. Un arrêt récent du Tribunal des

---

La saisine d'un comité consultatif de règlement amiable interrompt le cours des différentes prescriptions.
La saisine du comité suspend les délais de recours contentieux jusqu'à la décision prise par le pouvoir adjudicateur après avis du comité.
La composition, l'organisation et les modalités de fonctionnement des comités consultatifs, notamment les pouvoirs propres de leurs présidents, sont fixés par décret ».

[51] CE, 8 déc. 1995, *Commune de Saint-Tropez*, Rec. Leb., p. 432.

[52] CE, 22 févr. 2008, *Tête*, Rec. Leb., p. 812.

conflits du 9 décembre 2013 fait ressortir l'intérêt du dialogue avec l'administration pour éviter les lenteurs procédurales[53].

- En matière hospitalière, la conciliation est une procédure applicable à tout ce qui touche aux accidents médicaux, affections iatrogènes et aux infections nosocomiales. Le préjudice étant souvent lourd pour la victime, la compétence des Commissions régionales d'indemnisation des accidents médicaux (C.R.C.I.) depuis la loi du 4 mars 2002 participe pleinement au règlement amiable d'un différend conduisant à une indemnisation de la victime soit par un assureur soit par un organisme de solidarité nationale (O.N.I.A.M.). La procédure d'indemnisation se solde toujours par une transaction qui intervient dans un délai d'un an alors qu'une action contentieuse devant les juridictions compétentes pour les mêmes faits allonge substantiellement la procédure indemnitaire[54].

Le règlement conventionnel d'un litige découlant de l'utilisation des modes alternatifs se présente dès lors comme un gage de rapidité, de souplesse, d'équité et de rapprochement des liens entre l'administration et les citoyens tout en ne fermant pas la porte à la voie contentieuse et aux garanties procédurales qu'elles octroient aux citoyens.

B. Les dérives politico-mercantiles comme risque potentiel : une pratique qui doit connaître ses limites

Il ne s'agit pas ici de remettre en cause tout ce que nous venons de dire. Mais il faut s'interroger sur les limites éventuelles du phénomène de contractualisation de la justice engendré par les pratiques conventionnelles de règlement d'un différend. En effet, comme nous avons pu le voir avec l'arbitrage, il se développe une culture visant à contourner les juridictions et à régler les litiges en dehors de toute garantie juridictionnelle. La pratique conventionnelle n'est plus au service de la complémentarité entre la justice institutionnelle et les

---

[53] TC, 9 déc. 2013, *Panizzon c/ commune de Saint-Palais-sur-Mer*.

[54] A. Levasseur, « Les transactions : l'exemple de l'Assistance publique- Hôpitaux de Paris », *A.J.D.A.*, 1997, p. 54 et s.

procédés alternatifs comme la médiation ou la conciliation, mais elle instaure une concurrence entre les deux débouchant non plus sur un dialogue constructif, mais sur une recherche d'intérêts personnels.

Des exemples peuvent nous aider à comprendre cela. Il s'agit surtout d'évoquer ici les problématiques suscitées par la pratique de l'arbitrage par les personnes publiques. La transaction, nous l'avons vu plus haut, fait aussi débat au sein de la doctrine et des prétoires. Si elle semble intégrée par les acteurs publics et privés à propos des contrats administratifs[55], des limites se posent à propos de son applicabilité relative au contentieux de la légalité. En effet, le Conseil d'État refuse qu'un justiciable puisse transiger à propos de la légalité d'un acte en empêchant l'exercice d'un recours pour excès de pouvoir et ainsi accepter implicitement qu'un acte pouvant porter atteinte à un droit subjectif soit maintenu en vigueur. C'est ce qu'a rappelé le Tribunal administratif d'Amiens dans une décision du 14 avril 2007[56]. Il en va différemment en matière contractuelle comme nous avons pu le souligner précédemment, et ce afin d'assurer, comme en droit privé, une certaine pérennité du contrat, synonyme de stabilité juridique. De plus, l'indemnisation du cocontractant par l'administration en cas de recours à la transaction est encadrée par la jurisprudence puisque ce sont des deniers publics qui sont en jeu et que les règles de la comptabilité publique sont *de facto* applicables. Le rôle des experts en amont n'est pas non plus négligeable afin d'évaluer le montant de l'indemnité alloué.

La procédure de transaction doit-elle alors être prévue dans ce domaine pour pallier la résolution de conflits à venir ou faut-il que le juge administratif soit associé (activement ou passivement) à toute négociation en vue d'une transaction avant un recours contentieux ou lors d'un procès ? Comment assurer efficacement le règlement conventionnel d'un litige sans entacher tout recours contentieux devant le juge administratif ? L'élargissement des procédures de transaction en matière contractuelle fait-il craindre une contractualisation plus accrue de la justice ? La notion floue de

---

[55] Cf. les dispositions de la circulaire du 7 sept. 2009 relative au recours à la transaction pour la prévention et le règlement des litiges portant sur l'exécution des contrats de la commande publique.

[56] TA Amiens, 14 avr. 2007, *Mme R*, *Juris-Data* n° 2007-337929.

transaction en matière administrative peut-elle laisser place à une pratique de l'arbitrage « davantage élargie » ?

Des jurisprudences récentes ont mis en lumière ce phénomène. En effet, les décisions des juges judiciaires et administratifs convergent dans la reconnaissance d'un recours à la procédure d'arbitrage alors que le droit administratif est longtemps resté hermétique au développement de cette pratique[57]. Par ailleurs, le rapport Labetoulle de 2007 précité a constaté qu'en droit public et notamment en droit administratif, l'arbitrage tend à se développer dans le champ contractuel propice aussi, nous l'avons vu, au recours à la transaction. Le caractère international de certains contrats ainsi que l'identité des parties au contrat engendrent des risques de conflits de juridiction mettant à mal l'édifice du droit administratif et l'activité prétorienne du juge. Par exemple, un contrat de droit privé peut être conclu alors qu'une des deux parties a la qualité de personne publique. Cela signifie-t-il que le juge administratif est incompétent ou qu'une clause de recours à l'arbitrage soit toujours licite étant donné le caractère privé donc plus souple du contrat ?

Autre exemple, un contrat administratif peut très bien être passé entre deux personnes privées et comporter par ailleurs une clause compromissoire visant à soumettre les parties à l'arbitrage dès lors que le contrat est conclu à raison d'une activité professionnelle, et ce depuis qu'une loi du 15 mai 2001 l'autorise. Le Conseil d'État a pourtant longtemps prohibé cette pratique en vertu de sa jurisprudence*A.R.E.A* du3 mars 1989[58]. L'extension par la suite de la procédure d'arbitrage conduisit la jurisprudence administrative à se reconnaître compétente s'agissant de l'appréciation de la licéité de clauses compromissoires ou de compromis afin « d'emboiter le pas » au législateur et d'enlever le monopole de *l'exequatur* ou de la contestation des sentences arbitrales aux juridictions judiciaires. La convergence des jurisprudences administratives et judiciaires en matière d'arbitrage a dès lors créé des conflits de juridictions au

[57] G. Teboul, « Arbitrage international et personnes morales de droit public, brèves remarques sur quelques aspects de contentieux administratifs »,*A.J.D.A.*, 1997, n° 1, p. 25 et s.

[58] CE, sect., 3 mars 1989, *Sté autoroutes région Rhône-Alpes [AREA]*, Rec. Leb., p. 69.

niveau interne etsupranational. Le Tribunal des conflits dans un arrêt du 17 mai 2010[59]– à propos d'un litige intervenu entre l'I.N.S.E.R.M., établissement public national à caractère scientifique et technologique, et une fondation norvégienne de droit privé concernant le financement d'une structure de recherche – reconnaît la compétence du juge judiciaire si entrent en jeu des règles du commerce international. Dans une autre affaire plus récente dite *Ryanair* du 19 avril 2013[60], le Conseil d'État, tout en se déclarant compétent pour prononcer *l'exequatur* éventuel d'une sentence arbitrale rendue à l'étranger, a rejeté le recours d'une personne morale de droit public (en l'espèce le syndicat mixte des aéroports de Charente) formulé contre une sentence rendue par une juridiction arbitrale siégeant à l'étranger (en l'espèce à Londres) car le lien d'extranéité (compétence de la Cour d'arbitrage international de Londres) prévu initialement dans le contrat ne permettait pas d'appliquer un régime juridique découlant des règles du droit administratif français.

De plus, la réticence de certaines personnes publiques devant les clauses compromissoires qui sont à la base de toute procédure d'arbitrage ne fait que souligner les risques de conflits d'intérêts de nature à la fois politique et économique.

Dans son fameux avis précité du 6 mars 1986 concernant la construction du complexe d'*Eurodisneyland*, le Conseil d'État s'était montré prudent sur la pratique de l'arbitrage par les personnes publiques en l'absence de dispositions législatives ou de stipulations conventionnelles issues du droit international. Pourtant, en l'espèce, étant donné les enjeux économiques mais aussi culturels entre la France et les États-Unis, une disposition législative du 19 août 1986 est venue autoriser le recours à l'arbitrage par dérogation à l'article 2060 du Code civil, et ce, dès lors que des contrats sont conclus entre des personnes publiques (exemple des collectivités locales) et des sociétés étrangères afin de réaliser des opérations d'intérêt national. Plus récemment, le litige ayant opposé l'homme d'affaires Bernard Tapie au Crédit Lyonnais et notamment à un consortium de réalisation, repris par un organisme étatisé (en l'espèce

[59] TC, 17 mai 2010, *Institut national de la santé et de la recherche médicale c/ Fondation Letten F. Saugstad*, Rec. Leb., p. 580.
[60] CE, 19 avr. 2013, *SMAC c/ Ryanair Limited.*

l'établissement public de financement et de restructuration) a montré que certains vides juridiques pouvaient déboucher sur une procédure d'arbitrage illicite à la fois à travers les conditions de recours à un tribunal arbitral, mais aussi à travers la sentence rendue qui ne présentait pas les critères d'impartialité nécessaires[61].

En conclusion, parmi tous les modes alternatifs dont nous avons parlé et qui font appel à des pratiques conventionnelles, il en ressort que les opportunités paraissent grandes mais que la multiplicité et la complexité de ces procédures ne sont pas comprises de tous, en particulier des justiciables et des administrations. Il faudrait, comme nous l'avons évoqué plus haut, associer davantage le juge administratif à ces pratiques pour que des accords entre les parties interviennent le plus souvent en cours d'instance et non en dehors. Pour cela, le rôle de médiateur, au sens large, devrait soit incomber au juge administratif soit à un tiers désigné par le juge et les parties à l'instance comme en matière civile. Par ailleurs, la procédure de conciliation devrait être mutualisée avec celle du recours préalable obligatoire étant donné que les deux poursuivent la même finalité. Enfin, les conventions d'arbitrage ne devraient pas pouvoir être utilisées sans avoir eu recours en amont aux modes alternatifs ou au moins, de manière obligatoire, à l'un d'entre eux.

Dès lors, nous pouvons nous interroger sur le devenir de la fonction de juger. Si la justice a été un certain temps dans notre histoire de nature divine (exemple des ordalies ou des duels) puis de nature politique avec l'étatisation des institutions répondant à des exigences de service public, aujourd'hui elle est exercée au nom d'intérêts privés, c'est-à-dire qu'elle se donne pour mission d'apaiser les conflits afin de prévenir les procès en trouvant des solutions alternatives économiquement, mais surtout humainement acceptables.

---

[61] Par exemple, l'art. 1474 du C. civ. Prévoit que *« l'arbitre tranche le litige conformément aux règles de droit, à moins que, dans la convention d'arbitrage, les parties ne lui aient conféré mission de statuer comme amiable compositeur ».*

Chapitre 2 – La décision de justice, entre mobilisation du fait et réalisation du droit

Autour de la décision de justice : questions-réponses à partir d'une grille de questions élaboréepar les doctorants du C.E.R.C.

par *DanielChabanol,*
Conseiller d'État honoraire

Les questions qui ont été posées aux magistrats intervenants peuvent se regrouper en deux grands ensembles :

1. Des éléments ne tenant pas au droit pèsent-ils sur la décision juridictionnelle ?

2. Comment le juge prend en compte les éléments proprement juridiques pour rendre sa décision, qui assure le passage des faits au droit ?

Avant de tenter d'éclairer le débatainsi proposé, il faut, je crois, insister fermement sur un point essentiel : les juges sont des citoyens de plein exercice, et participent normalement aux questionnements qui animent la société, même si, à l'instar de tous les agents publics, ils sont astreints à un devoir de réserve leur commandant de ne faire naître aucun doute sur leur neutralité. C'est dire que, dans le respect de cette obligation, les juges sont à même de participer, comme tout citoyen, aux débats de la cité, que ces derniers soient syndicaux, politiques ou sociétaux. Si les magistrats peuvent parfois donner l'impression de constituer un clergé, ce clergé est totalement séculier, et il s'ensuit donc que les questionnements sociaux ne s'arrêtent pas à la porte des palais de justice. Il est impératif de conserver à l'esprit cette réalité lorsque l'on entend porter jugement sur le cheminement des juges appelés à traduire des faits en décision juridique : comme on l'a dit, les juges ne sont pas des êtres sans nombril venus de nulle part et vivant dans un espace virtuel.

Au surplus, leur engagement professionnel les conduit plus spécifiquement à faire montre d'une sensibilité assez forte à la traduction en faits de principes énoncés avec force juridique : lorsque l'on est amené quotidiennement à faire application de textes peu lisibles, peu intelligibles, on ne peut que réfléchir à l'effectivité de la traduction du principe d'égalité devant la loi : lorsque règne l'inégalité dans l'accès à la règle de droit, parce que cette dernière est trop complexe pour être comprise par le commun des citoyens, et qu'on en fait l'expérience quotidienne dans l'exercice du métier de juge, on est très fortement conduit à participer activement aux débats sur l'égalité...

Aussi bien trouve-t-on, dans l'activité politique, syndicale ou dans la vie des associations, des magistrats de l'un et l'autre des deux ordres, toutes précautions étant prises pour que le justiciable n'ait pas à douter de la neutralité et de l'impartialité de son juge. Sans entrer dans les détails d'un exposé technique consacré à l'aménagement, sous forme de l'obligation de réserve, de la liberté constitutionnelle du juge-citoyen de participer à la vie de la cité et de sa combinaison avec le droit des justiciables à un juge impartial (ou à tout le moins à un juge présentant les apparences de l'impartialité), on peut avancer sans trop de risques d'erreur que la coexistence en un seul être du juge et du citoyen commande à ce dernier une modération rigoureuse dans ses manifestations publiques, sauf à devoir cesser de juger – ce qui est le cas de tous les magistrats faisant choix d'activités politiques notoires, qu'ils deviennent parlementaires, ministres ou responsables de grandes collectivités territoriales.

Cette réalité étant posée, on se propose de suivre le cheminement des juges à l'instant du délibéré, point d'orgue de la transformation des faits soumis à la juridiction en un acte juridique, la « chose jugée », qui va et déterminer l'exactitude de ces faits, et statuer sur leur qualification au regard du droit. Ce cheminement, comme l'a fait apparaître le questionnaire qui nous a été proposé, peut s'apprécier en deux temps :

1. Est-il commandé par des éléments étrangers au droit ?

2. Quels éléments de droit le déterminent-ils ?

I. La décision de justice, fruit d'un environnement non juridique

A. Bien évidemment la décision de justice n'est pas désincarnée

1. Je laisserai de côté l'image d'Épinal d'un juge attentif aux interventions politiques, et aux coups de téléphone du cabinet du ministre…C'est rarissime (en plus de quarante années au service de la juridiction administrative, je n'ai connu qu'un cas de pression, qui fut évidemment vaine). Plus important (bien que cela n'intéresse pas les médias ni ne nourrisse les fantasmes) est de souligner que la subjectivité de la décision de justice est inhérente à l'acte de droit. Lorsqu'il y a litige et contentieux, quelle qu'en soit la nature, il y a nécessité de transformer un état de fait en un état juridique imposé avec l'autorité de la chose jugée, laquelle, comme l'on dit, est tenue pour expression de la vérité. Le fait peut être un comportement, un agissement (ou une abstention) et il appartiendra au juge, son exactitude étant reconnue, de le qualifier au regard d'un corpus normatif composé de catégories de droit (est-ce un délit ? Est-ce une faute ? Engage-t-il la responsabilité civile ou disciplinaire de son auteur ?). Le fait peut être aussi purement matériel (un projet de construction défini par ses dimensions, sa forme…), le juge devant alors décider de la façon dont ce fait « brut », mesuré, ouvre ou non droit à délivrance d'une autorisation de construire ou autre, commandée par le droit de l'urbanisme ou par tout autre corpus normatif.

Dans toutes ces activités consistant à opérer la *qualification juridique des faits*, à les faire entrer, si l'on veut, dans les petits casiers juridiques créés par les normes applicables (le délit, la faute, la présence d'un terrain dans un « espace proche du littoral »), il y a nécessairement implication personnelle du juge, personnelle et donc subjective. Parmi de multiples exemples, je mentionnerai l'application de l'article 8 de la Convention européenne de sauvegarde des droits de l'homme et des libertés fondamentales, reconnaissant le droit de tout homme à mener une vie privée et familiale normale, un droit dont on sait qu'il prime sur le droit national de reconduire à la frontière un étranger en situation irrégulière. Combiner cet article 8 et le droit national est l'activité quasi quotidienne de la majorité des juges administratifs, et cette combinaison passe par la qualification de « vie familiale ou privée *normale* » décernée (ou non) à des éléments de fait tenant à la durée du séjour irrégulier, à la construction progressive d'une vie privée ou familiale en France, à l'insertion dans la vie nationale...

Prétendre que les juges qui doivent se livrer à cet exercice de qualification, et ils ne peuvent y échapper, se dépouillent en entrant en délibéré de leurs propres opinions ou convictions concernant, entre autres exemples, la défense du littoral ou du scarabée pique-prune ou encore la politique de l'immigration est mentir ou faire preuve d'un angélisme étonnant.

Oui, le juge est un être incarné, il a une histoire, des opinions, des convictions, des pulsions parfois, quelque effort qu'il consacre à les oublier ou à les neutraliser, et parfois aussi il peut ressentir quelque crainte.

2. La décision de justice, marquée par l'histoire de son auteur, l'est aussi, de façon plus triviale, par l'environnement quotidien, humain et matériel, des juges.

Deux mouvements en sens inverse s'observent à cet égard. D'une part les moyens informatiques, depuis longtemps en usage dans la juridiction administrative, permettent de sécuriser en quelque sorte les parcours d'étude des dossiers. Informatique de documentation, moteurs de recherche jurisprudentielle d'usage simple et d'une efficacité redoutable, font que la démarche juridictionnelle gagne en sûreté (et nous rapproche d'un système de *Common Law*). La découverte quasi instantanée des précédents pertinents permet de mettre en lumière l'interprétation du texte antérieurement donnée par la ou les juridictions, interprétation que le devoir de sécurité juridique commande de stabiliser. Plus encore, la confrontation de tous ces précédents permet de faire ressortir, s'agissant de la qualification de faits d'occurrence fréquente, les critères qui ont guidé les décisions précédentes, les standards ainsi mis en lumière réduisant d'autant la part de subjectivité qui marque la décision transformant le fait en droit. Ainsi se dégage, au fil des années et grâce à l'exploration informatique du passé, l'opinion du « peuple français » au nom duquel s'opère cette transformation.

Face à cet indéniable progrès, l'émergence des préoccupations de *management* conduit à l'inverse à une fragilisation de la décision de justice, de ce passage du fait au droit qui commande le droit au juge. Car ces préoccupations ont fait apparaître que, comme toute prestation, la justice a un coût, et que donc on ne peut la gérer sans égard pour les déséquilibres auxquels pourrait conduire la méconnaissance de ces coûts. On a introduit dans les palais de justice une nouvelle balance, balance entre coût et avantages, et bien des voix se font désormais entendre en exposant que le règlement des litiges de peu d'importance ne doit pas mobiliser des moyens hors de proportion avec cette importance. On a vu ainsi fleurir, depuis deux décennies environ dans la juridiction administrative, des procédures simplifiées de jugement, par ordonnance prononcée par un magistrat statuant seul, d'affaires dont la solution paraît relever de l'évidence[1]. La réflexion qui à cette occasion s'est développée autour de l'« acte de juger » a conduit à régler de façon simplifiée les affaires qui n'appellent ni appréciation ou qualification de faits, ni interprétation de la norme[2]. Indiscutable est la légitimité de cette démarche, puisqu'on voit mal au nom de quel principe on devrait répondre à la quérulence d'un plaideur systématique par la mobilisation de ressources publiques par essence rares. Il reste que la volonté itérativement affirmée de tenir compte des coûts a pour effet de ramener en de nombreuses matières le passage du fait au droit au rang de simple mesure de gestion administrative d'un dossier.

---

[1] V. l'art. R 222-1 du CJA.

[2] Cf. D. Chabanol, « L'acte de juger », in *Regards de la communauté juridique sur le contentieux administratif : hommage à Daniel Chabanol*, dir. B. Bonnet, Publications de l'Université de Saint-Etienne, 2009.

B. Bien évidemment, le juge doit s'échapper de toute pression

Éradiquer autant que faire se peut la subjectivité de l'acte de juger est un impératif catégorique pour les juridictions dont il faut répéter qu'elles se prononcent *au nom du peuple français*, et non au nom de ceux qui les composent. Sous la réserve mentionnée ci-dessus des affaires dont la solution est si évidente que chaque juge est habilité à les juger au nom de la collectivité, il faut, si l'on entend s'assurer que le passage du fait au droit ne devra rien à la personnalité du passeur, mettre en œuvre des moyens spécifiques à l'institution de justice.

1. Pour mettre les juges à l'abri des menaces ou promesses de ceux qui entendraient que la justice rende des services plus que des arrêts, il convient, c'est l'évidence, de disposer de moyens statutaires garantissant l'indépendance des magistrats. C'est l'aspect le plus connu de tout débat relatif à l'indépendance de la justice, et les données en sont suffisamment diffusées pour que je ne m'y attarde pas outre mesure. Disons, pour schématiser, qu'il est essentiel qu'un organe qui ne soit pas l'émanation du pouvoir, quel qu'il soit (tel étant le cas du Conseil supérieur des tribunaux administratifs et des cours administratives d'appel) dispose de la compétence exclusive pour décider de l'avancement, des mutations et le cas échéant de la discipline des magistrats concernés[3].

2. On l'a dit, la question de l'indépendance du juge vis-à-vis de son histoire et de sa personnalité est, parce que présente dans tous les litiges, plus fondamentale encore que celle de l'indépendance vis-à-vis des pouvoirs. Il n'est guère de recette pour la garantir. Mais on sait au moins comment faire pour qu'elle ne le soit pas : il suffit de placer le juge en situation de statuer seul. Outre qu'ainsi il s'expose aux yeux de tous ceux qui pourraient lui vouloir du mal en raison de la décision qu'il prend, le juge statuant seul – réserve faite des affaires d'évidence, on l'a dit – ne peut, tout simplement parce qu'il n'est pas d'une essence spécifique « non humaine », parvenir à s'abstraire de

---

[3] Je mets à part la situation particulière du Conseil d'Etat, qui est à lui seul l'organe garantissant l'indépendance de ses membres, indépendance qu'une histoire de plus de deux cents ans n'a jamais contestée.

cette part de subjectivité qui marque l'acte consistant à faire entrer les faits dans le droit.

La seule façon de gommer cette fatalité – outre un soin permanent et une attention constante à ne pas se laisser trop guider par ses propres pulsions – est de recourir, toutes les fois qu'il y a lieu à apprécier ou qualifier des faits, ou à faire œuvre normative, à la *collégialité*, laquelle implique que l'on se détermine sous le regard des autres magistrats, et que l'on puisse leur expliquer, dans un délibéré qui est écouté des uns et des autres, pourquoi on se prononce dans tel ou tel sens. Ces moments de vérité recherchée en commun, par la confrontation des expériences et opinions des uns et des autres, sont le plus sûr moyen d'échapper à la subjectivité fatale du jugement de chacun.

« La solution du juge unique, qui peut paraître expédiente, est, en contentieux administratif, une solution détestable »[4], écrivait R. Odent, président de la section du contentieux du Conseil d'État. Cette affirmation n'a rien perdu de sa pertinence.

II. La décision de justice, fruit du droit

A. Le juge et le droit national

1. On ne peut nier que le juge dispose d'un pouvoir normatif : contrairement à une présentation idéale, mais fausse, le juge n'est pas que la bouche de la loi célébrée par Montesquieu, mais détient un pouvoir normatif effectif, le conduisant à peser sur l'évolution du droit.

Mais ce poids est marginal, car le juge ne peut s'installer dans une rupture frontale avec la société et le droit qu'elle se donne par le biais de ses représentants officiels. Le juge peut certes infléchir ce droit (voir par exemple la définition, par le Conseil d'État, de la notion de « réfugié », de personne victime de persécution, et ses extensions en direction des groupes persécutés par la société, indépendamment de toute orientation politique, les homosexuels ou les transsexuels, les

[4] R. Odent, *Contentieux administratif*, Les cours de droit, 6ème éd., 1977-1981, p. 910.

victimes d'excision…), contribuer à des réflexions (la bioéthique, le statut des couples non mariés), il ne peut à lui seul aller contre le vent…

2. Ce pouvoir de création normative rencontre ses limites : le juge ne peut normalement refuser d'appliquer les normes précisément et légalement définies par le pouvoir politique légitime ou d'autres instances normatives (encore que j'ai souvenir du refus, par les collègues judiciaires de Bobigny, d'appliquer la loi de 1920 qui pénalisait l'avortement, avant le vote de la loi Veil… C'est toutefois un cas limite, chacun sachant alors que la loi de 1920 était « en fin de vie »). Mais ce juge a le devoir absolu de trancher les litiges, et ne peut donc s'abriter derrière l'absence de norme « officielle » pour refuser de statuer, ce qui constituerait un déni de justice : je vous renvoie aux conclusions prononcées par le commissaire du gouvernement Gazier sous l'affaire Dehaene[5], et à toute la construction jurisprudentielle, par le Conseil d'État, de la responsabilité administrative (on peut aussi d'ailleurs constater tout ce que le monde judiciaire a tiré des articles 1382 et suivants du Code civil). Le juge est ainsi conduit soit à créer la norme en cas d'absence de norme officielle, soit à interpréter cette dernière de façon à conserver son actualité[6]. Évidemment, dans ce travail normatif, le juge s'attache à la fois à ne pas méconnaître les vents dominants, et à ne pas suivre les effets de mode.

---

[5] CE, 7 juill. 1950, *Dehaene*, Rec. Leb., p. 426 ; *R.D.P.*, 1950, p. 691.

[6] On peut se référer à une étude du professeur B. Seiller,« La modulation des effets dans le temps de la règle prétorienne », in « *Le dialogue des juges, Mélanges en l'honneur du président Bruno Genevois* », Dalloz, 2009.

B. L'épreuve du droit supranational

Bien sûr, la norme supranationale et la jurisprudence qui en précise la portée irriguent les délibérés (même si le moyen tiré de la violation de la norme supranationale n'est pas d'ordre public devant le juge administratif). C'est surtout le cas de la jurisprudence de la Cour européenne des Droits de l'Homme et de celle de la Cour de justice de l'Union européenne (qui d'ailleurs, selon notre Constitution, s'incorpore à notre droit national, comme les autres normes communautaires). Le temps des résistances des juges administratifs est révolu, et les principes découlant de la célèbre décision Nicolo font désormais partie du paysage des délibérés.

S'agissant donc du juge administratif, il regarde le droit d'origine supranationale comme une règle de droit normale, lui laissant la place que la réflexion et les traités commandent, même si nous avons encore quelque difficulté à organiser la pyramide à plusieurs sommets, et à faire place, simultanément, à la primauté de la Constitution et à celle des normes d'origine communautaire…[7]

Pour conclure : du fait à la décision par le droit…La vie des juridictions n'est faite que de cette tension permanente entre les faits qui s'imposent dans leur nudité, le droit parfois mal écrit, ou pas du tout écrit, qu'il faut décrypter ou créer, sans avoir aucune légitimité démocratique pour ce faire…Quel défi pour ceux qui ont choisi le métier de juge ! Et pourtant elle tourne, notre justice !

---

[7] Cf. B. Bonnet, « *Repenser les rapports entre ordres juridiques* », Lextenso, 2013.

Autour de la décision de justice[1] : questions-réponses à partir d'une grille de questions élaborée par les doctorants du C.E.R.C.

par *Jean-Louis Gillet,*
Président honoraire de la deuxième Chambre civile de la Cour de cassation

Comment le juge peut-il participer aux débats démocratiques ou de société ?

Je parlerai évidemment du juge de l'ordre judiciaire, ordre que j'ai servi tout au long de ma carrière. La question qui m'est posée en introduction de cet échange laisse entendre à juste titre que le juge puisse être *de facto* appelé à participer aux débats démocratiques ou de société. Plusieurs raisons expliquent selon moi cette vocation participative :

1. En premier lieu la fonction même du juge, qui consiste à dire le droit, par des messages qu'il adresse aux parties, mais aussi à la doctrine et au public. Ces messages peuvent éventuellement être médiatisés et explicites, notamment sur des sujets dits « sensibles » parfois ignorés par le législateur. Illustre cette idée l'exemple tout récent de la question de savoir si un enfant issu d'une procréation médicalement assistée pratiquée à l'étranger par une femme seule pouvait être adopté dans notre pays par le conjoint de cette femme dans le cas, comme cela est maintenant possible, où c'est une autre femme. Pensons encore aux multiples questions prioritaires de constitutionnalité posées au regard des droits et libertés garantis par le bloc de constitutionnalité, questions dont il lui appartient d'apprécier le sérieux.

2. En second lieu, son indépendance grâce à laquelle le juge judiciaire a les moyens de cette participation. L'indépendance est un atout considérable, mais elle lui confère également une responsabilité. Le juge judiciaire est obligé de donner un contenu à la contrainte et la

[1] Le style oral de l'intervention a été conservé.

norme, sans impulsion ni directive autre que celle des lois. Dans cette obligation, le juge doit également surveiller, par le biais du contrôle de conventionalité, la conformité des lois à la Convention européenne de sauvegarde des droits de l'homme, norme supérieure qu'il lui appartient d'appliquer directement.

On imagine alors que le juge puisse prendre des positions sur tous les sujets et débats de société. La difficulté réside alors dans la détermination du vecteur de ces prises de position : le contenu de ses décisions, jugements, arrêts ou avis formalisés, ou bien plutôt les propos plus généraux qu'il tiendrait en tant que citoyen. Car le juge judiciaire rencontre certainement sur ce terrain deux obstacles. Tout d'abord, il ne peut se prononcer que sur les questions dont il est saisi. Le régime ordinaire des rapports sociaux est de se passer du juge dans le respect des lois et règlements complétés par des conventions et contrats d'ordre privé. Le juge dont la société se passe ne peut pas s'imposer. De même, quand il est saisi, son office se limite à la seule réponse à la contestation. Certes, il y répond dans le plein exercice de ses pouvoirs, mais il est limité aux questions et moyens qui lui sont soumis. Ensuite, le juge judiciaire se trouve soumis à un devoir de réserve. Il ne peut s'exprimer en dehors du contentieux qu'il tranche d'une façon qui laisserait présumer du contenu possible de ses décisions. Il ne doit en aucun cas compromettre la confiance du public en son impartialité, car s'il le faisait il priverait l'État d'un de ses piliers fondateurs de légitimité : sa capacité à régler les litiges et autres épisodes contentieux.

Partant de ce constat, il faut s'interroger sur le processus de participation du juge aux débats démocratiques. Il tranche au coup par coup les litiges par des décisions n'ayant qu'une autorité relative au cas jugé. Néanmoins, il agit dans une perspective d'intégration de chacune de ces décisions dans ce que l'on appelle la jurisprudence. Celle-ci représente indubitablement un corps d'idées – à l'instar d'une doctrine – informel et relativement cohérent. Ainsi, ces décisions sont rendues assez prévisibles sans que rien n'oblige le juge à les laisser figées. Une attitude contraire reviendrait à nier la part de l'office de ce juge correspondant à sa mission d'adaptation de ses décisions à l'évolution concrète de la société. Il apparaît évident que cette évolution n'attend pas forcément celle de la lettre des lois. Elle doit alors s'articuler sur de solides points d'appui correspondant aux « droits fondamentaux » au sens large du terme. Il est possible d'illustrer ces propos par le cheminement de la responsabilité civile pour autrui et de la faute contractuelle dans la jurisprudence de ces dernières années. Il est clair que le juge poursuit à cette occasion une certaine « actualisation » de ses décisions vis-à-vis de l'évolution économique et sociale. Encore plus frappant s'agissant des droits fondamentaux, le cheminement jurisprudentiel du régime de la garde à vue a clairement accompagné ou montré le chemin à suivre au législateur.

Quand la jurisprudence change, les uns crient au scandale et les autres applaudissent ; le juge recueille indifféremment les critiques et les éloges. Il faut souligner sans relâche cette idée que la jurisprudence ne se fait pas par des oukases de la Cour de cassation, mais bien plutôt par la sédimentation des décisions de tous, régulées au fil des recours par la juridiction apte à en connaître en bout de course. Pour le reste, le juge s'exprime avec discrétion, évite les proclamations et les libellés et communique toujours ses orientations dans le respect d'une déontologie rigoureuse. Il sait également, comme d'autres professions, lorsque le besoin s'en fait ressentir, manifester et exercer l'ensemble des droits sociaux qui lui sont reconnus. Enfin, en toute logique, il s'évertue à ne pas abuser de son indépendance tout en montrant son sens de l'État. C'est donc un très vaste programme que la participation des juges aux débats démocratiques et de société.

Le juge est-il tributaire, dans sa décision, d'un déterminisme ou d'une pesanteur sociale ou politique ?

Avant toute chose, il semble indispensable de s'entendre sur le terme même de « déterminisme ». Je suppose qu'il s'agit dans l'esprit des interrogateurs de facteurs poussant éventuellement le juge à prendre une décision à l'ombre de la loi. Le juge judiciaire a évidemment pour obligation d'appliquer le droit dans ses décisions, mais son rôle d'interprète lui laisse une certaine liberté. Le sens du terme « déterminisme » se rapporterait ainsi aux motivations des décisions où il s'en écarterait. Encore une fois, le juge connaît le contenu du droit au prix d'un apprentissage, voire parfois d'un réapprentissage. Or, certaines décisions qualifiées de *contra legem* ou *praeterlegem* semblent, selon certains, s'éloigner de cette connaissance. Ce serait ici qu'interviendraient les fameux déterminismes.

Quelques facteurs sélectionnés au hasard peuvent venir directement à l'esprit : le milieu social, les amitiés diverses, l'éducation reçue, les préjugés personnels, le contexte politique. De ces divers éléments implicites peuvent être tirés un certain nombre de manifestations comportementales telles que les habitudes, les préférences, les préventions et affinités, les connaissances et ignorances ou encore les pesanteurs sociologiques de tous ordres. Il se remarquerait divers comportements conscients ou inconscients, individuels et collectifs, légers et plus lourds ou encore passagers et tenaces.

Armés de cette entente terminologique, trois types de remarques s'imposent :

1. Il ne faut pas chercher à nier ces différentes causes même s'il faut fortement se méfier de raccourcis intellectuels primaires. Les juges judiciaires sont pleinement intégrés dans la société qui les environne. Ils sont avant tout des citoyens, et plus généralement encore des hommes. Les magistrats sont issus de parents, ils possèdent un certain nombre d'amis, et leur personnalité est le fruit du mélange de leur origine, de leur éducation donc in fine de leur culture au sens anthropologique du terme. Comme tout un chacun, ces gens de robe sont sujets à des tendances et des tropismes, ou plus globalement à diverses forces et faiblesses. Si je devais me risquer à dresser le portrait-robot du magistrat de l'ordre judiciaire, je le ferai ainsi : il préfère généralement le correct à l'incorrect, le silence aux vociférations, le conventionnel au révolutionnaire, l'habituel à l'inédit, le progressif au brutal, la prudence à la témérité et l'ordre au désordre. Il préfère, pourrait-on dire, le gendarme au voleur. La profession connaît aussi certaines méfiances : les marginalités sont rarement vues d'un très bon œil et les personnalités politiques disposent d'un crédit modéré. De même, il est certain que la présentation des dossiers à traiter a une influence parfois décisive. Il va sans dire que le magistrat, dans le cas d'une remise de justificatifs, penche de manière bien compréhensive pour les dossiers

bien ordonnés des avocats aux fatras de papiers qu'un malheureux non-assisté risque de présenter. Bref, nous, magistrats de l'ordre judiciaire, devons faire, sans cesse, notre autocritique sur ce conformisme dont la société nous taxe allègrement. Notre ardente obligation est de le démentir par nos actes, et ce, en nous appuyant toujours sur le droit.

2. Il faut revisiter les manières de lutter contre les déterminismes en question. On en connaît ou plutôt on en connaissait classiquement trois : le statut protecteur par le biais de l'assurance d'une inamovibilité ; la robe qui emporte un certain anonymat ; la conduite des procès qui oblige toujours à une certaine balance du pour et du contre grâce à l'écoute contradictoire des parties. Cependant, l'inamovibilité, facteur théorique d'indépendance, risque de dériver en pratique comme un facteur d'enracinement et de captivité dans un donné social susceptible de ligoter notre initiative. Pareillement, la robe anonymise ce qui peut procurer un état d'esprit oublieuxrelativement dangereux : le risque d'ignorer une certaine responsabilité fatalement personnelle. Enfin la conduite formellement équitable des procès côtoie l'inégalité des parties au regard de la compétence et de l'efficacité variable des professionnels de droit qui, presque toujours et même quand cela n'est pas obligatoire, les représentent et les assistent.

3. Il faut en définitive être vigilant dans l'autosurveillance en même temps qu'imaginatif dans les remèdes à apporter à certaines tendances. Être vigilant revient à s'ouvrir au monde dans le but d'échapper aux jugements convenus et à se remettre en cause dans des certitudes qui n'en sont finalement pas. Se garder des appartenances porteuses de pesanteur sociologique tels certains clubs, coteries ou groupements. Le juge doit se rendre compte qu'il s'adresse parfois aux tenants d'un savoir et de moyens sophistiqués et en d'autres occasions à des humbles, à des simples avides de compréhension. Il semble impératif de tirer les conséquences du déséquilibre susceptible d'exister entre les parties en s'employant à assurer l'égalité dans la situation procédurale. Toute la difficulté réside dans le fait qu'il est indispensable de s'impliquer sans prendre ouvertement parti. L'atout majeur de notre profession est dès lors la capacité

à susciter et à développer la communication. Entre collègues, se concerter et partager les ressentis demeure une excellente pratique. *A contrario*, ressasser les clichés et préjugés serait un regrettable facteur d'isolement de la fonction. Un « bon » juge doit accepter d'être responsable et vivre sereinement les recours formés contre ses décisions parce qu'avant toute chose, ils expriment une garantie des citoyens. Il apparaît absolument nécessaire de rappeler inlassablement l'obligation de formation permanente du magistrat tout comme la vertu du travail d'équipe dans la collégialité. Pour le reste, juger un peu « les mains tremblantes » en sachant qu'on peut se tromper sans céder à la présomption ou à la peur.

La décision du juge est-elle, dans la pratique quotidienne, influencée par son environnement humain et matériel ?

Avant tout début de réponse ou même de réflexion, il semble important de s'entendre sur ce qui constitue l'environnement quotidien du juge. Nous débuterons par une brève énumération des éléments qui font la vie d'une juridiction : le personnel qui y travaille, les moyens techniques et matériels déployés, et plus généralement tout ce qui participe aux conditions de travail des magistrats.

Du premier point de vue, celui du personnel, il faut souligner la présence – désormais non négligeable – d'agents aux statuts divers extérieurs au corps des magistrats : greffiers fonctionnaires – hors ceux des tribunaux de commerce –, collaborateurs salariés divers comme les agents et assistants de justice, collaborateurs indépendants comme les experts. Cette petite communauté indispensable à la reddition de la justice par l'État se trouve aujourd'hui caractérisée par un phénomène important de féminisation – notamment des magistrats – et par l'émergence d'exigences managériales.

Cette nouvelle forme de management s'adapte parfaitement à la recherche ardente, souvent décriée, de « gestion des flux ». La mouvance ainsi décrite vise à l'éradication de l'incompressible phénomène d'embouteillage des affaires, si longtemps – et à juste titre – dénoncé. L'ensemble du personnel se trouve donc en recherche de la nouvelle fée « célérité de la justice », qui va de pair avec une préoccupation affirmée de recherche de la qualité des décisions. Cet impératif contemporain qui concerne l'ensemble du personnel de l'ordre judiciaire peut entrer en concurrence avec le contexte judiciaire de principe qu'il ne faut pas perdre de vue : celui de l'indépendance juridictionnelle et de la collégialité, fondements de l'organisation juridictionnelle. Il n'est pas question de s'éloigner de ces fondements par de nouvelles contraintes qui seraient imposées aux juges. Gardons cependant présent à l'esprit le voisinage des juges du siège, indépendants, avec des magistrats du parquet qui sont leurs collègues, mais qui n'ont pas vocation, dans l'état actuel du droit, à la même indépendance.

Du second point de vue, celui des moyens techniques et matériels, l'omniprésence de l'informatisation a clairement révolutionné l'approche du magistrat vis-à-vis de la tâche qui est la sienne. Car l'informatique se retrouve à chaque phase du travail du juge. Évidemment, dans le domaine de la recherche juridique, l'outil numérique apparaît indispensable. Mais aujourd'hui, la numérisation dépasse ce simple rôle d'outil de recherche. La gestion des dossiers, l'audiencement ainsi que le suivi de la mise en état usent de la voie électronique. Enfin, et c'est beaucoup moins évident pour le profane, la délibération elle-même est atteinte par ce phénomène de numérisation. L'échange de courriers électroniques sur des projets ou propositions est devenu fréquent parfois jusque sur le choix des mots après la prise de décision de principe lors de l'audience.

Ce bref exposé des relations qui existent entre le travail du juge et un environnement en perpétuelle mutation doit être complété par le rappel d'une donnée fondamentale : une juridiction est non seulement un organe qui juge, mais aussi un organe qui doit s'administrer. À ce propos, l'indépendance des juges du siège, qui se définit par la capacité de décider sans directives ni instructions, concerne le seul domaine juridictionnel. Hors de l'audience, le magistrat est un agent public intégré à un organe : son indépendance ne le protège pas du fait d'administrer ou d'être administré. C'est l'art des chefs de juridictions, les présidents – et non les procureurs qui n'ont pas vraiment le même problème – que d'administrer dans le respect de l'indépendance juridictionnelle et dans celui des attributions des assemblées générales des juridictions, organes de concertation, mais aussi d'expression des aspirations et valeurs des juges.

Par une sorte de jeu de miroirs, c'est l'art des juges, et aussi leur loyauté, que de ne pas dévoyer leur indépendance juridictionnelle dans une indiscipline administrative dommageable au service public. Tout cela est bien évidemment plus facile à écrire qu'à faire et le lecteur l'imaginera assez aisément. Le plus délicat reste au quotidien de faire la part de l'impératif de productivité et des risques qu'il présente pour la qualité des décisions de justice.

L'informatique a apporté des effets extraordinaires sur la vie des juridictions, il serait aujourd'hui insensé de le nier. Pour autant, l'orientation des jugements est-elle restée insensible à cette révolution numérique ? Globalement, la numérisation du travail a démultiplié les possibilités « productives » en offrant une commodité appréciable dans le travail de recherche ainsi que des possibilités immenses de rédaction. Bien entendu, comme pour tout changement d'habitudes, cet apport s'est longtemps vu retarder par des résistances. Si certaines pouvaient paraître légitimes, d'autres s'habillaient d'un caractère plus frileux, telle l'inquiétude tenant à l'emploi direct des logiciels de traitement de texte s'agissant de la répartition des tâches de rédaction. Une fois les obstacles surmontés, l'informatique a permis une très forte sensibilisation aux impératifs de gestion. Il ne semble à personne que la qualité des décisions puisse en souffrir.

Je pense utile, pour être complet, d'ajouter que les juges ont toujours exprimé deux séries de doléances reprenant légitimement leurs difficultés dans la production de décisions de qualité :

1. D'une part, une dénonciation récurrente d'une insuffisance de moyens. Cette tendance a pu s'atténuer devant des efforts de dotation réalisés par la puissance publique, mais elle ressurgit face à une inflation législative générale peut-être inévitable,multipliant les difficultés de chacun.Dans le domaine pénal, le même constat se fait face à l'inaccessibilité partielle de moyens scientifiques de preuve trop coûteux pour s'accommoder d'une exhortation constante à la compression des frais de justice pénale.

2. D'autre part, une dénonciation motivée et appuyée d'une absence d'aides véritables à la décision, notamment pour des travaux annexes de recherche juridique ou d'étude préparatoire de dossiers. La

pauvreté des effectifs d'agents, au statut le plus souvent précaire, affectés à ces tâches est notoire.

Mentionnons, de façon positive, que les juges sont, dans l'ensemble, plutôt satisfaits – et même fiers – de leur formation, initiale et qu'ils s'accommodent fort aisément de ce que leur office les pousse à porter un regard sur la façon dont d'innombrables professionnels s'acquittent de leurs obligations, parfois dans des domaines techniques auxquels eux-mêmes ne connaissent rien, mais sur lesquels peuvent les éclairer les experts qu'ils nomment.

Reste pour finir la question de la féminisation bien connue du corps judiciaire dans sa globalité. Pour être complet, ce phénomène ne concerne pas seulement les magistrats. Il est au contraire commun à tous les corps de la fonction publique recrutés par concours. Cette évolution sociologique n'a évidemment aucune portée sur le plan du contenu des décisions juridictionnelles. Il ne se limite qu'à la perception que le justiciable peut avoir de la justice, question liée à l'état des mentalités collectives.

La mise en œuvre du droit par la décision de justice est-elle neutre ou traduit-elle un engagement du juge ?

La question concerne au plus haut point le juge civil, dans un univers où le droit – notamment privé – quadrille étroitement la société. Les « vides juridiques » véritables, à supposer qu'ils existent, semblent désormais rarissimes. Les juridictions, réparties en deux ordres, se voient assignées des compétences de plus en plus précises au fil du temps et des lois. En clair, le juge semble enfermé ou cantonné dans une neutralité qui ferait de lui – seulement – la « bouche de la loi ».

Une telle vision doit être dépassée. Il existe en effet un « office du juge », champ de possibilités lui permettant d'exercer une influence, un impact, sur le cours des procès et sur leur issue. Certes, l'article 12 du Code de procédure civile énonce très sobrement que « le juge tranche le litige selon le droit qui lui est applicable ». Mais cela est un programme fort complexe, au point que l'on se demande depuis longtemps si le procès reste la « chose » des parties ou s'il devient peu à peu la « chose » du juge. L'« engagement » du juge, par opposition à l'idée de sa neutralité, impliquerait qu'il imprime au procès sa marque, voire ses valeurs, son inspiration, et ce au-delà d'une application mécanique du droit. Assurément, s'il y a sur ce terrain des idées auxquelles il faut renoncer, il en est d'autres qui s'imposent.

En ce qui concerne les idées ou opinions à réfuter :

1. La première concernerait la croyance selon laquelle le juge peut s'emparer de toutes les situations sociales pour leur appliquer le droit. Il ne peut évidemment juger que des litiges dont il est saisi, dont l'objet et la cause – l'avantage réclamé et les raisons pour lesquelles il faudrait l'accorder – lui sont imposés par les parties. Le magistrat ne peut pas, sans saisine, entreprendre de s'attaquer à n'importe quelle situation ou question. Son « carnet de commandes », son « plan de charge » dépend des parties, certes poussées ou inspirées par les circonstances économiques et sociales. Lorsque le juge connaît bien le territoire de son ressort et qu'il en suit l'actualité, il peut dans une certaine mesure savoir à quoi s'attendre. Il peut aussi user de ses décisions passées sur des sujets « sensibles » pour prévoir qu'elles persuaderont ou dissuaderont le public de le saisir de nouveau sur ces questions. Le magistrat dit « civil » n'est pas, contrairement au juge pénal, exposé à la politique d'un parquet en fonction des priorités arrêtées la plupart du temps à un niveau politique.

2. La seconde intéresserait la prétendue possibilité pour le juge de choisir, un peu dans l'image d'un droit « à la carte », la norme à appliquer en fonction de ses préférences personnelles. La question est aisée à mettre en perspective : le droit de grève ou le droit de propriété, le droit de licencier et l'obligation de reclassement, le principe d'égalité ou de non-discrimination et celui de l'*intuitu personae*, l'obligation de payer ses dettes ou la priorité à donner au sauvetage de l'entreprise. Dès lors que le magistrat paraît exercer une option, c'est que le droit lui en laisse la liberté et lui en désigne les termes. L'exemple, là encore, de la mise au point récemment faite par la Cour de cassation au sujet des choix concurrents de certains tribunaux en matière d'adoption des enfants de conjoints nés d'une procréation médicalement assistée interdite en France est frappant.

En ce qui concerne les positions auxquelles il faudrait, au contraire, s'attacher fortement, il suffit d'insister sur des aspects maintenant constants de la pratique judiciaire. La loi peut fort bien être un outil d'engagement, et cela sur deux plans :

1. Le premier se rapporte à l'interprétation des lois et des règlements. Le juge judiciaire est, en cette matière, guidé par des principes dont la résonance doctrinale est variable. Au côté de bons nombres de principes indolores tels le bon sens, « l'éclairement » des lois les unes par les autres ou encore la recherche de l'intention du législateur par une démarche exégétique, se signale un principe bien plus efficient en ce qu'il offre au juge un large champ de créativité, le principe dit de « l'effet utile », qu'il est très simple de caractériser et qui est d'ailleurs emprunté au régime ordinaire d'interprétation des contrats : face à une loi obscure ou équivoque qu'il doit interpréter, le juge lui attribue le maximum des effets qui peuvent utilement s'y attacher. Les juges s'engagent aujourd'hui volontiers dans cette voie de « maximisation » de l'effet des lois. Je me souviens par exemple de l'usage fait un jour de ce principe en matière sociale par une juridiction à laquelle j'appartenais. Confrontée à l'obligation – énoncée en termes généraux par le droit européen – du groupe employeur d'informer la représentation du personnel en cas de décision se répercutant sur l'emploi, nous avions alors décidé que cette information devait être préalable à la prise de décision. Le raisonnement était très simple : c'était la seule façon d'attribuer à la loi la propriété de déclencher un débat utile à la bonne régulation du rapport social intéressé. C'est encore ce principe de l'effet utile qui dicte les choix de délimitation de la responsabilité de nombreux professionnels, ouvrant la voie à une forte extension de celle-ci.

2. Le second terrain vise la capacité offerte au juge de relever d'office certains moyens de droit. Les parties au procès fournissent au juge, preuves éventuelles à l'appui, les éléments de fait auxquels elles entendent faire appliquer le droit. Partant de là, elles développent leur argumentation sur le droit qu'elles considèrent comme applicable et qui, bien sûr, sert leurs prétentions. Ainsi, elles formulent des moyens de droit. C'est un lieu commun que de l'écrire, mais il faudra toujours insister sur ce point, les juges peuvent parfaitement relever d'office

d'autres moyens de droit, auxquelles les parties n'auraient pas songé, sous réserve de les soumettre à leur discussion contradictoire. Il est tout aussi connu de tous que les magistrats n'y sont en règle générale, pas tenus. Si la règle souffre certaines exceptions, il faut néanmoins reconnaître qu'elle offre au juge, sur un terrain apparemment aussi contraint que celui du droit, un précieux terrain d'engagement dans lequel ils n'hésitent pas à pénétrer. Il existe un large débat sur les possibles motivations de cet engagement autant que sur ses modalités. De nombreux commentaires ont été portés sur son caractère facultatif, en opposition à l'obligation faite depuis peu aux parties de concentrer leurs moyens dès la première saisine d'un juge sous peine d'encourir plus tard dans la procédure une fin de non-recevoir tirée de l'autorité de la chose jugée.

Voilà ce qu'il faut entendre, de notre point de vue en tout cas, par « l'engagement » au sens juridictionnel du terme.

Comment le juge prend-il en compte, dans ses décisions, le droit supranational et sa mise en œuvre juridictionnelle ?

Il est heureusement très loin, ce temps auquel le droit supranational, essentiellement européen bien sûr, était vécu par les juges français comme une sorte d'intrus. En ces époques lointaines, cet ordonnancement juridique était bien souvent jugé comme une manœuvre de plaideurs certes plus astucieux que les autres, mais pour le moins retors. Les parties animées de la volonté apparente d'assurer le respect des exigences supranationales étaient pour tout dire réputées contestataires ou militanteset assurément iconoclastes. Oser remettre en cause la « sainte » et infaillible loi, celle de droit interne, c'était tout réviser.

Ces temps passablement obscurs étant révolus pour le bien de tous, il nous faut résumer les données actuelles de la question posée en restant cantonné à ses paramètres objectifs. Il n'est pas question de se perdre dans les linéaments de questions filandreuses ou idéologiques qui polluent fortement la problématique envisagée. Ainsi pour le juge français, les questions relatives àl'emprunt ou au refus d'emprunter des pratiques étrangères de motivation des décisions juridictionnelles ou même encore les interrogations propres à la comparaison complaisante du fonctionnement des cours suprêmes dans le contexte actuel. En effet, certaines se retrouvent « assaillies » par des milliers de pourvois qu'elles n'ont pas la capacité d'éluder tandis que d'autres disposent de la chance de pouvoir sélectionner les recours qu'elles traitent en fonction de leur importance pour la confection de la règle jurisprudentielle.

Dégagés de ces questions « accessoires », les magistrats de l'ordre judiciaire connaissent principalement trois modes de prise en compte du droit supranational, avec ou sans mise en œuvre juridictionnelle préalable :

1. Tout d'abord, et il faut bien le souligner, le juge procède à une application immédiate de ce droit en sa qualité de juge communautaire à part entière pourvu que la norme en cause soit d'application immédiate au moment du jugement, tels une directive transposée ou un règlement.

2. En second lieu, le juge fait une application du droit communautaire après réponse de la Cour de justice de l'Union européenne à une question préjudicielle. Armé de l'interprétation donnée par la cour à une disposition de droit communautaire originaire, le juge pourra apprécier la conformité d'une norme interne à la norme supranationale en cause. Il pourra ainsi décider de l'applicabilité de la norme interne contestée. Cette dernière ne l'est que dans le cas où la cour aura interprété la norme supranationale dans un sens laissant une « fenêtre » de compatibilité ouverte. Ces questions préjudicielles, certes très délicates à rédiger, car elles exposent la norme interne de façon impersonnelle, sont devenues familières au personnel de l'ordre judiciaire. La réponse de la cour est même désormais expressément citée comme motif de notre décision finale dans des formules que l'on peut considérer comme « types » : « la cour ayant "dit pour droit" »... Il arrive même à la Cour de cassation de faire précéder ses arrêts par une mention qui,naguère, pouvait paraître singulière : « Vu l'article n° [...] du Traité [...] à la lumière de l'arrêt de la Cour de justice de l'Union européenne du [...] ».

3. Enfin, reste l'aspect majeur de prise en compte du droit supranational : le « contrôle de conventionalité ». Celui-ci revient

à une opération de vérification par les juridictions, sous le contrôle de la Cour de cassation, de la conformité des lois internes aux dispositions de la Convention européenne des droits de l'homme. Dans cet examen, il va interpréter – mais sans le dire – le droit supranational à la lumière des positions jurisprudentielles de la Cour européenne des droits de l'homme. L'application de la loi interne est *de facto* écartée – elle est « laissée inappliquée »– et seule la norme « conventionnelle » est retenue pour le règlement du litige. On peut alors évoquer la consécration de l'intégration directe du droit conventionnel européen dans le droit interne. L'un des terrains les plus propices à cette démarche est sans aucun doute le terrain procédural, sous les auspices des exigences conventionnelles du « procès équitable ». Ce type de démarche juridictionnelle se généralise au point de devenir banal et la question est posée par certains d'une tendance des juges à court-circuiter le droit interne. Les juges pensent majoritairement que cette évolution est salutaire, et que le contrôle de constitutionnalité en est une autre forme. Le débat sur ce point peut d'ailleurs mener très loin.

Existe-t-il une méthodologie de la mise en œuvre du droit par les décisions de justice, et une nécessité d'anticipation de l'exécution de ces décisions ?

Le terme de « méthodologie » est peut-être ambitieux car il risque de renvoyer au monde des sciences exactes, qui n'est pas vraiment le nôtre. Mais il est à coup sûr un corps de principes, une trame de données sur lesquels, consciemment ou non, campent les magistrats auteurs ou rédacteurs de décisions. Rapidement, il existe dans cette entreprise incessante de mise en œuvre du droit, bien plus qu'un positionnement intellectuel du juge. Il faut absolument dépasser cette idée d'un syllogisme trop souvent ressassé (les faits, le droit, la décision) et que l'on pourrait pérenniser ou au contraire inverser. En substance, on approchera mieux la vérité en exposant que les juges sont ici confrontés à des données qu'ils s'attachent, pour être compris, à rendre cohérentes et qui sont de nature procédurale, de nature déontologique et de nature rédactionnelle.

Les données procédurales se rattachent d'une part à la construction de la décision et d'autre part au raisonnement à suivre.

S'agissant de la construction de la décision, le juge se trouve sur certains points très contraint et bénéficie sur d'autres points d'une forme d'opportunité.

La contrainte passe naturellement par un certain formalisme propre à la décision de justice. Certains « points de passage » sont obligatoires pour le juge et relèvent de mentions aussi différentes que les précisions relatives à la juridiction, la date, la composition de la formation, la dénomination des parties, la mention des noms des magistrats ou encore leur signature. C'est en quelque sorte le lot ordinaire des documents officiels pour lesquels le formalisme s'avère indispensable à leur validité et leur exécutabilité. En ce sens, l'obligation de faire apparaître les motifs de la décision ainsi que son dispositif apparaît essentielle. Les motifs permettent de soutenir l'explication de la substance de la décision contenue par le dispositif, ils attestent de la réflexion et du raisonnement qui soutiennent la décision. La contradiction des motifs et du dispositif signifie inévitablement qu'il y a absence de motifs. Dans un tel cas, et en présence d'une disposition générale de débouté, cette absence vaut omission de statuer.

Les magistrats se dispensent à l'inverse, avec la permission des textes, de certaines logiques ou obligations formelles, telle celle de résumer les moyens et prétentions des parties. Pourtant prévu par le code, ce résumé est généralement remplacé par un visa des conclusions qui les contiennent, sorte de commodité de travail autorisée au juge. Plus largement, un cortège de présomptions de régularité a été forgé au fil du temps par des décisions multiples de la Cour de cassation dans le but de « sauver » les jugements quelque peu négligents.

Il subsiste également certaines opportunités au bénéfice du juge dans la rédaction de sa décision. Le juge peut faire des choix dans son opération de rédaction. Par exemple, il peut poursuivre une forme d'autosuffisance du jugement ou de l'arrêt, en y exposant l'intégralité de son raisonnement sans obliger le lecteur à consulter d'autres documents pour le comprendre, ce qui participe d'un souci de lisibilité complète des décisions de justice. De même, la pratique de la surabondance de motifs, fournis en double emploi avec d'autres de façon à les suppléer s'ils sont erronés peut traduire une volonté de

« verrouiller » la décision juridictionnelle ou au contraire une incertitude sur la pertinence du propos. Enfin, l'addition d'éléments non indispensables à la solution du litige comme dans les *obiter dicta* permet au juge d'aborder des questions annexes à celles posées afin d'entrevoir une extension de la solution retenue ou encore d'énoncer de nouveaux principes.

Le raisonnement à suivre est fortement influencé par ce que les parties apportent. Le travail ici revient à apporter sans s'égarer une réponse aux réclamations des parties. Éventuellement, le juge peut raisonner sur la base d'un acte contesté pour juger de l'ensemble des demandes, sans rien omettre et dans le respect du principe de contradiction. Il peut avoir à déterminer les argumentations recevables et celles qui ne le sont pas, tenu qu'il est de respecter toujours la distinction des questions de recevabilité et de celles qui intéressent le fond, tranchant en premier lieu les premières.

Si l'ons'attache aux données déontologiques, on doit souligner l'existence d'un code non écrit de bonne conduite portant sur le fond et sur la forme de la décision

Il appartient en premier lieu au juge de gérer l'authenticité, qualité première du jugement qu'il rédige, en n'y énonçant comme constatations que ce qui peut l'être et en exerçant quand il le faut son pouvoir d'interprétation.

Il lui faut également, chacun le comprendra, témoigner des égards nécessaires au perdant du contentieux. Le juge se doit d'être irréprochable sur le plan procédural à son égard. Il doit bien entendu respecter la procédure à l'égard de tous, mais vis-à-vis de la partie perdante cette obligation prend une importance toute particulière. Il doit éviter à tout prix les tournures désinvoltes ou vexatoires. Il lui revient comme devoir de renforcer l'exposé des prétentions qu'il a résolu de réfuter avant de procéder à cette réfutation, ce qui attestera de ce que ces prétentions ont été entendues et comprises avant d'être désapprouvées.

Dans la même mesure, il est indispensable que le juge satisfasse à un impératif – social – de réalisme. Il se situe légitimement dans une posture de recherche de la possibilité d'exécution concrète de ce qu'il va décider, forme d'efficacité de la décision de justice. Ainsi se manifeste une forte progression du contenu et de la substance des jugements. Mais n'oublions pas que le contexte contemporain oblige également le magistrat à accepter la possible « fonction stratégique » d'une décision de justice. Cette dernière peut, sans déroger, n'être qu'un élément supplémentaire dans un rapport de forces économique et social. Ainsi, l'intervention juridictionnelle peut dépasser sa fonction strictement normative. Le différend judiciaire peut n'être que l'émergence ou l'expression d'un autre différend. Dès lors, la solution judiciaire peut très honorablement ne valoir et n'être utile que par son aptitude à déboucher sur une solution plus large que celle relative au débat de droit. Le travail de rédaction de la décision peut s'en trouver substantiellement modifié dans le dispositif craint ou espéré et des motifs nécessaires à son éclairage risquent d'apparaître, fussent-ils dépourvus de l'autorité de chose jugée.

Sur la forme, le juge se situe dans une toute impérieuse exigence, mouvance, celle de la lisibilité des décisions juridictionnelles. Cela se traduit notamment par une poursuite constante de clarté des motifs et de précision du dispositif. Le magistrat se tourne alors vers un vocabulaire plus simple et veille à prévenir les complications futures. Son office le porte à prévenir les éventuelles requêtes en rectification et en interprétation. Il prohibe les tournures sibyllines. Il commande de distinguer et de séparer très nettement ce qui relève de la position et de l'argumentaire des parties et ce qui constitue et explique la décision juridictionnelle et sa portée.

Abordons enfin les données rédactionnelles. Pour ces dernières, le juge dispose d'une influence, d'un pouvoir sur le choix de l'enchaînement des éléments décisionnels et il exerce à titre personnel des choix récurrents sur les éléments d'écriture et de style.

L'enchaînement des énonciations qui structurent la décision est conditionné soit par la logique, soit par une certaine commodité rédactionnelle. La logique impose le plus souvent l'enchaînement suivant respectif des faits (réduits au seul contenu indispensable à la compréhension de la suite du jugement), des demandes (qui font apparaître l'objet du litige), et enfin les moyens (qui construisent le fondement des demandes), suivis de leur approbation ou de leur désapprobation. Également, par commodité d'écriture, le magistrat peut exposer la thèse de telle partie juste avant de la réfuter, en appuyant cette réfutation sur une approbation de la thèse adverse. Il adopte de plus en plus dans les décisions les plus longues la pratique – naguère peu appréciée – de numérotation des paragraphes de sa décision, aux fins de possibles renvois ou rappels.

Enfin, le juge, par choix culturel, adopte des éléments de style dans la rédaction de sa décision. Ceux-ci peuvent être rédigés sous forme d'« attendus » ou en style beaucoup plus direct. Nous pourrions dresser le catalogue des avantages et inconvénients de chacune de ces formules. L'essentiel est de se garder de la pompe excessive et de la banalité réductrice, car le jugement est l'expression des lois, qui s'adressent à tous.

Enfin, pour conclure, je dois affirmer qu'il a été précieux à un magistrat de pouvoir, sur tous ces points, s'adresser en toute simplicité à des étudiants motivés et avisés.

TITRE II – Le retour du droit vers le fait par l'exécution des décisions de justice

Chapitre 1 – Le retour du droit vers le fait par l'exécution des décisions de justice en matière privée

Réflexions épistémologiques sur le concept d'exécution en droit[1]

par*Loïc Yboud,*
Doctorant en droit privé à l'Université de Toulon (UTLN),
Attaché Temporaire d'Enseignement et de Recherche à l'Université de Toulon (UTLN),
Centre d'Études et de Recherches sur les Contentieux (CERC),
EA n° 3164

« Il est plus facile de briser un atome que de briser un préjugé »
Albert Einstein

Le libellé du sujet que nous nous proposons de traiter – « Réflexions épistémologiques sur le concept d'exécution en droit » - appelle quelques précisions. Nous n'entendons pas évoquer – de manière directe – la problématique, maintenant classique, du passage du droit au fait par l'exécution d'un titre exécutoire... Ce qu'il faut retenir a déjà été mis en évidence, notamment, par Kojève, lorsqu'il énonce que « le droit séparé de l'exécution construit une utopie sans attache avec la réalité qui, par suite, n'arrive pas à se réaliser et entraine dans sa ruine l'autorité qui l'a produite [...] »[2]. Par ailleurs, il n'est pas non plus de notre propos de parler des difficultés que peut rencontrer le créancier dans le recouvrement de sa créance ou encore le débiteur dans l'exécution de la décision de justice[3].

Bien que ces questions soient essentielles, nous avons néanmoins décidé de mettre de côté la description de ces enjeux au profit d'une

[1] L'auteur profite de ces quelques lignes pour remercier M. Pascal Richard, Directeur du CERC, pour la confiance qu'il nous a témoigné et ses précieux conseils et relectures.
[2] A. Kojève, *La notion de l'autorité*, Gallimard, 2004, p. 237.
[3] Il est possible d'affirmer, sans trop de risque de se tromper, que ce qui compte, aujourd'hui, pour le justiciable, c'est ainsi le résultat, c'est-à-dire pour reprendre les propos de Roger Perrot « un droit qui s'inscrit dans la réalité des faits » « Les enjeux de l'exécution des décisions judiciaires en matière civile » dans*L'exécution des décisions de justice en matière civile : Séminaire multilatéral,* Strasbourg, Palais de l'Europe, 15-17 octobre 1997, Editions du Conseil de l'Europe, 1998 ;

étude moins conventionnelle mais conceptuellement tout aussi nécessaire. En effet, l'inscription du droit dans la réalité passe fatalement par la capacité des juristes à se doter d'instruments susceptibles de penser cette liaison entre le droit et le fait. Une réflexion épistémologique[4] sur le concept d'exécution en droit impose dès lors une clarification de ces instruments accordant au droit sa capacité de performer le réel.

Nous partirons d'un premier constat : celui selon lequel les juristes semblent généralement ignorer ce genre de problématique[5]. Cette occultation tient pour partie au caractère ambivalent et équivoque de ce que nous appelons « concept ». Ainsi, nous essayerons, pour reprendre les propos de M. le professeur Bioy de nous interroger sur l'attitude qu'adopte le juriste, de manière générale, lorsqu'il s'agit de « désigner un ensemble de normes, d'objets ou de représentations mentales mobilisées par le discours juridique »[6]. Cette interrogation est essentielle dès lors qu'elle permet l'exécution du droit. Devons-nous alors parler de notion, d'idée, de concept d'exécution? Il est évident que derrière cette question sémantique se masque un enjeu déterminant au regard de la manière dont le droit va se situer vis-à-vis de la réalité.

Pour le juriste, cette clarification est importante car elle offre la possibilité de comprendre les mécanismes qui permettent au droit de performer le réel.

---

[4] Sur cette question V. en particulier Al. Geslin, « L'importance de l'épistémologie pour la recherche en droit », *dans* B. Sergues (dir.), *La recherche juridique vue par ses propres acteurs*, LGDJ, Lextenso éditions, Presses de l'université Toulouse 1 Capitole, Institut Fédératif de Recherche « Mutation des normes juridiques » - Université Toulouse I, coll. « Colloques de l'IFR », 2016.

[5] Pour une liste non exhaustive : X. Bioy, « Notions et concepts en droit : interrogations sur l'intérêt d'une distinction ... », dans G. Tusseau (dir.), *Les notions juridiques*, Economica, 2009, p. 21 ; J. Parain-Vial, « La nature du concept juridique et la logique », *Archive de philosophie du droit*, 1966, p.45 ; F. Rouvière, « Avant-propos » dans Les concepts en droit : usages et identité, *Cahiers de Méthodologie Juridique n° 26.*

[6] X. Bioy, *op. cit.*, p. 21.

Pour répondre à cette question proprement épistémologique il s'agira de sortir de notre zone de confort et du sentier régulièrement emprunté par les juristes. Notre objectif sera de nous écarter de celui-ci afin d'accepter l'aventure des chemins de traverse. Pour ce faire, nous allons partir d'une analyse théorique et épistémologique afin de dégager *in fine* les modalités d'existences concrètes du concept d'exécution.

Nous allons ainsi, dans une première partie, observer à partir du point de vue de la philosophie, l'usage que font les juristes de divers instruments mentaux (concepts, notions, idées) et détailler les problèmes et les enjeux qu'une utilisation aléatoire de ces termes implique dans le champ juridique et plus spécifiquement au regard de l'exécution en droit. Il s'agira, en quelque sorte, de préciser et de clarifier les relations qui se tissent entre « concept » d'exécution et « concept d'exécution » [I]. Enfin, nous proposerons, dans une seconde partie, une approche pragmatique et inférentielle du concept juridique d'exécution : il s'agira ainsi de penser l'exécution du concept d'exécution et de questionner sa normativité [II].

I. « Concept » d'exécution ou « concept d'exécution »

La construction de cette réflexion épistémologique nous amène à questionner la proximité de certains outils offerts aux juristes. Nous verrons que cette apparente proximité s'explique par l'utilité du concept d'air de famille (A). Une fois cette clarification réalisée, nous montrerons ensuite comment ces outils permettent l'élaboration d'une image du monde particulière à laquelle doit s'adapter le droit. Cette liaison entre ces outils mentaux inscrit dans le droit de l'exécution et le monde explique dès lors certains mécanismes propres à l'exécution du droit (B).

A – Concepts, notions et idées : « un air de famille »

Certains juristes décident, tout simplement, d'écarter le problème en ayant recours à des conventions sémantiques. Il est, d'ailleurs, courant de trouver des formules du style : « nous laissons de côté la vieille distinction sartrienne entre « notion » et « concept », pour utiliser ces deux mots comme synonymes »[7]. Il s'agit là d'une façon bien simple de contourner le problème, voire de le dissoudre. Selon nous une telle attitude doit être récusée.

D'autres s'inspirent du Doyen Vedel pour distinguer entre la notion fonctionnelle et la notion conceptuelle[8]. Certes, la démarche est opératoire, pour autant il s'agirait alors *a priori* de changer uniquement de terrain de jeu. La distinction opère pour le concept mais comment dès lors distinguer entre les diverses notions ? En outre, il s'agirait également d'appréhender fonctions et concepts comme des attributs ou des prédicats du sujet que serait la notion. Nous ne ferions pas dès lors l'économie d'une analytique de la notion.

Cette approche semble, en ce sens, prise dans les rets d'une régression à l'infinie. Nous avons décidé, quant à nous, de prendre au sérieux cette distinction.

En consultant les différentes études qui se proposent d'aborder la notion (ou le concept) de…, une première attitude semble cependant se dessiner : les juristes – de manière générale – se plaisent donc à employer de manière indifférenciée l'alternative terminologique « notion »/« concept » au bénéfice d'un certain « air de famille » (*familienähnlichkeiten*), lui-même lié à des considérations lexicales[9].

---

[7] H. Lécuyer, « Propos introductifs », dans *La notion juridique de couple*, (sous la dir. Cl. Brunetti-Pons, Economica, p. 5. Dans le même sens : G. Tusseau, « Critique d'une métanotion fonctionnelle, La notion (trop) fonctionnelle de la notion fonctionnelle », *RFDA*, 2009, p. 641. L'auteur indique clairement en note 3 qu'il ne cherchera « pas à distinguer dans le présent contexte notion, catégorie, concept, construction, etc ».

[8] G. Vedel, « De l'arrêt Spetfonds à l'arrêt Barenstein (la légalité des actes administratifs devant le juge judiciaire) », *JCP*, 1948, I, p. 682 et s. V. également la critique de : G. Tusseau, *op. cit.*, p. 641.

[9] En effet, les deux termes, dans la plupart des dictionnaires, renvoient à une « construction mentale en vue de classer le mobilier du monde », d'où l'ambiguïté. En fait, il semble que les juristes ont toutefois une préférence pour le terme de notion. De toute façon, les juristes utilisent généralement l'un comme l'autre (notion ou concept) pour désigner l'opération de qualification en vue « de procéder à l'imputation d'un régime juridique déterminé ». Ce qui n'est pas sans rappeler la définition d'un autre terme, celle de catégorie.

L'affinité de ces instruments a vocation à faire apparaître en même temps les ressemblances et les dissemblances : l'universalité et la singularité des situations. Au lieu de vouloir tout unifier, il importe d'être attentif aux différences. Comme les fibres qui composent un fil, les faits qui se trouvent reliés grâce aux airs de famille présentent des similarités. Leur rassemblement met en valeur autant leur proximité sous différents aspects que leur distinction et leur singularité. Pour étudier ce phénomène Wittgenstein a utilisé l'exemple de la jurisprudence : « des cas juridiques ont des airs de famille et l'on peut s'appuyer sur leur ressemblance pour adopter une démarche commune. Cependant chaque cas demeure singulier, ce que risque d'ignorer l'universalité de la loi lorsqu'elle s'appuie sur une approche dogmatique du droit »[10]. La *ratio decidendi* offre par exemple dans cette hypothèse l'explication de cette proximité. Les instruments qui appartiennent à l'ensemble formé par un air de famille offrent la même ustensilité. Il s'agit d'offrir à la pensée un instrument propre non pas à penser la particularité mais susceptible de prendre en compte une certaine universalité. Il s'agirait également de rendre cette manière de penser plus « forte » comme le fil est lui-même renforcé par l'entrelacement des fibres dans la métaphore chère à Wittgenstein.

Ce que favorisent cette proximité et la construction de l'air de famille c'est l'effectivité d'une certaine image du monde propre à la conceptualisation de celui-ci[11].

B – Le « concept » d'exécution et la construction d'une image du monde juridique spécifique

Derrière l'usage de ces termes se manifeste cependant, selon nous, l'idée suivante : il existe une force normative des types[12] qui se manifeste de deux manières. Le droit opère de manière concomitante une description du réel et une élaboration de celui-ci. Le droit suscite

---

[10] Cité par F. Noudelmann,*Les airs de famille – Une philosophie des affinités*, Gallimard, p. 178

[11] L. Wittgenstein, *Tractatus logico-philosophicus*, Gallimard, p. 33.

[12] V. sur ce point les travaux de M. le professeur Lorenzo PasseriniGlazel : L. PasseriniGlazel, *La forzanormativadeltipo, Pragmaticadell'attogiuridico e teoriadellacategorizzazione*, Marcerata, Qodlibet, 2005.

ainsi par ses outils propres une fonction normative et une fonction descriptive. Dès lors qu'est ainsi isolée la fonction des outils juridiques comment analyser leurs usages ? De ce qui vient d'être énoncé il apparaît que ces outils se rattachent à diverses approches épistémologiques. La fonction normative s'accorde à une approche constructiviste et la fonction descriptive à une approche réaliste dans le domaine de l'exécution.

Concepts, notions, idées sont des instruments mentaux susceptibles de nous offrir ainsi une certaine représentation du monde. Commençons donc par cela.

Comment s'élabore notre relation au monde ? Diverses approches sont possibles que l'histoire de la philosophie offre à notre questionnement. Sur ce point, la querelle des universaux[13] est susceptible de nous offrir un point de départ judicieux au regard de notre analyse. Nous savons que cette querelle oppose réalistes et nominalistes. Les réalistes, dans cette perspective ancienne s'attachaient à penser les universaux [des classes générales d'êtres] comme des réalités au sens des idées de Platon. Face aux réalistes se trouvent les nominalistes pour qui, les universaux ne seraient que des noms vides énoncés par des personnes qui elles sont réelles[14]. À cet égard, ces derniers sont, au sens de la philosophie moderne, davantage réalistes que les réalistes classiques. Ces nominalistes acceptent ces noms vides au regard de l'intérêt qu'ils offrent aux hommes dans le but de maximiser leurs chances dans la lutte pour la survie : les universaux permettent, en ce sens, de mieux nous orienter dans le monde. Cette doctrine va s'apparenter au constructivisme moderne que l'on retrouve également sous la forme contemporaine de l'anti-réalisme. Le réalisme, quant à lui, va se mettre en place en luttant, dans un premier temps, contre l'idéalisme dont l'une des

[13] La querelle des universaux actualise ainsi d'une certaine manière l'opposition traditionnelle entre Aristote et Platon.Pour une présentation plus détaillée : A. De Libera, *La querelle des universaux de Platon au moyen-âge, Seuil*, « Des Travaux».

[14] En ce sens, « nombre de réalistes, et notamment les scandinaves, sont clairement et de manière très déterminée nominalistes : les mots (dont les mots du droit) sont des concepts vides, dénués de signification » : É. Millard, « Réalisme scandinave, réalisme américain », *Revus*, 24 | 2014, 81–97.

manifestations se présente paradoxalement avec le réalisme des universaux.

Nous comprenons que l'enjeu de ces diverses approches philosophiques est tout entier lié à notre rapport au monde : le monde est-il quelque chose qui est extérieur à mon esprit ou est-il dans mon esprit ? Le monde lui-même existe-t-il ? Ces questionnements ne peuvent laisser le juriste insensible. La question de la référence, par exemple, traverse une partie des débats de la théorie du droit. Si le droit est tramé dans le langage comment s'assurer de la vérité des termes utilisés par le langage de spécialité des juristes ? Une partie de l'opposition très classique entre jus naturalistes et positivistes peut être clairement appréhendée à partir de ce positionnement sur le monde. De même, au sein des positivistes, le clivage entre normativistes et réalistes ne peut s'entendre qu'à partir de ces questions. Les concepts, notions ou idées rendent ainsi compte d'une modalité spécifique d'existence du monde que le juriste doit assumer et clarifier de manière préalable s'il entend convenablement dire quelque chose non pas dans le droit mais sur le droit.

Traditionnellement, les Idées semblent devoir être liées à l'influence de Platon[15] et à la présence d'un arrière monde dans lequel elles seraient présentes dans un « ciel des Idées »[16]. Les notions et les concepts sont, quant à eux, appréhendés généralement à partir d'une relation plus ou moins grande d'abstraction. Sans toujours clarifier ces choses, il est possible de considérer que l'une n'est que l'abstraction de l'autre… Cette dernière analyse recoupe ainsi la classification précitée opérée par le Doyen Vedel sur les diverses formes des notions.

Dans le cadre de cette étude, nous avons fait le choix de récuser l'idée qu'il existerait des arrières mondes ou un ciel pour les concepts[17] nous

---

[15] V. not. G. Tusseau, *op. cit.,* p. 642.

[16] Le monde des Idées correspond chez Platon au monde intelligible dans lequel notre âme a pu contempler les choses en soi. Il s'oppose au monde sensible dans lequel nous vivons.

[17] Cette vision était,selon le professeur Rochfled, très en vogue chez les juristes au cours du 19ème siècle. D'ailleurs, elle ne manque pas de relever à juste titre que « les

permettant d'accéder au réel. Il s'agit, en ce sens, de récuser finalement ce que Nietzsche appelait « le confort métaphysique » entendue comme cette tendance selon laquelle existerait une totalité du monde : la métaphysique n'étant jamais finalement que la totalité des tentatives visant à présenter le monde comme un tout. Dès lors, naturellement le concept ne peut plus être le concept au sens Hégélien se présentant comme un concept systématique expliquant le tout. L'idée même d'un tout doit être refusée. Elle implique sous cette forme une conception intenable de l'être.

Ce qui est capturé par le concept, c'est un champ de sens ou plus exactement un point de vue sur un champ de sens ou sur un état de choses. Ce qui est essentiel alors c'est de prendre conscience de la pertinence du concept. En effet, le concept provient du monde, c'est-à-dire qu'il s'élabore à partir du réel lui-même. La question du concept n'est donc pas véritablement une question d'accès[18] mais davantage de contact avec le réel car celui-ci n'est « assurément rien que nous ayons à saisir pour être en contact avec lui : nous sommes de toute façon dans ce contact, et c'est depuis ce contact même et par rapport à lui que peut se poser la question de la saisie »[19]. En ce sens, la seule manière de toucher le réel, c'est de partir du postulat que celui-ci nous offre le concept approprié, sauf que nous ne sommes pas capables de le voir. Le concept, n'est finalement que cet instrument s'élaborant à partir du monde pour penser le monde lui-même. Le concept n'est donc qu'un savoir pratique. Il est à lui-même sa raison : la raison de la règle qu'il installe.

Le réalisme dans ses déclinaisons modernes démontre avec une assez grande clarté ce phénomène. En effet, le réalisme cherche à rendre compte d'une possibilité à dire quelque chose de pertinent au regard de la chose en soi. Ce qui signifie, contrairement au constructivisme

---

juristes ont pu croire que les notions seraient des essences immuables. Dans cette approche, ils auraient pour tâche [...] de partir à la découverte de notions existant « par elles-mêmes dans une sphère de réalité hors d'atteinte des hommes ». Ce qui n'est pas sans rappeler le mythe du *Phèdre* de Platon...

[18] C'est en ces termes que la philosophie moderne appréhende la question tenant au concept.

[19] J. Benoist, *op. cit.*, p. 44 ;

kantien[20], que nous sommes capables de connaître la chose en soi (ce n'est pas un monde sans spectateur). Il ne peut y avoir de vérité totalement transcendante à nos capacités de la reconnaître. Le monde n'est pas réductible à ce que nous en faisons[21] : « Les dinosaures existaient avant que nous y pensions » ; « le monde n'est pas un produit : c'est le monde tout simplement » comme l'observe Putnam.

Il faut donner, en quelque sorte, au réalisme interne, ou pragmatique, un « visage humain »[22]. Dans la vie, la réalité est faite, selon le philosophe allemand Markus Gabriel[23], à la fois des choses et de leurs apparitions dans des champs de sens. Il existe toujours un fait décisif qui permet dans des circonstances ordinaires de dire si les énoncés des personnes sont garantis ou non. Nos modèles d'assertabilités sont ainsi culturels et donc peuvent largement évoluer. L'assertabilité implique toute une série de présupposés, qui servent de « pivots ». Comme le dit Wittgenstein dans *De la certitude*, de tels présupposés sont comme les gonds qui permettent à la porte de tourner : le reste du jeu de langage ne fonctionnerait pas sans eux. Les concepts juridiques s'enchâssent ainsi dans un ensemble de croyances vraies qui fondent l'assertabilité du concept.

La normativité du concept d'exécution réside donc dans cette capacité spécifique de composition qui est propre aux concepts de former un champ de sens qui sera reconnu comme réel. Le concept d'exécution

---

[20] Selon cette approche, il est difficile de connaître le monde tel qu'il est. Pour une illustration du constructivisme Kantien : cf. H. Von Kleist, Correspondance 1793-1811, trad. de l'allemand par J.- Cl. Schneider, Gallimard, coll. Le promeneur, 2000, Lettre du 22 mars 1801 à Wilhelmine Von Zenge : « Si à la place des yeux tous les hommes portaient des verres de couleur verte, ils seraient obligés de juger que les objets qu'ils perçoivent sont verts – et jamais ils ne pourraient distinguer si leur œil leur montre les choses telles qu'elles sont, ou s'il ne s'y ajoute pas quelque chose qui n'appartient pas aux choses, mais à l'œil ».

[21] Cl. Tiercelin, « Pragmatisme et réalisme à visage humain » In : *Hilary Putnam, l'héritage pragmatiste* [en ligne], Ch. 3, Paris : Collège de France, (n.d.) (généré le 08 avril 2016). Disponible sur Internet : <http://books.openedition.org/cdf/2026>.

[22] Le terme est emprunté à Hilary Putnam qui, lui-même c'est inspiré selon James Conant du slogan d'Alexandre Dubcek « le socialisme à visage humain », qui fut le cri de ralliement du Printemps de Prague en 1968. V. not. H. Putnam, *Le réalisme à visage humain*, Gallimard, coll. Tel, p. 17.

[23] M. Gabriel, *op. cit.*, p. 30.

ne fait ainsi que rendre *raison* à une institution qui existe déjà dans le monde. Il est dès lors non pas tant la modalité permettant d'accéder à l'institution mais simplement le point de contact avec le droit dès lors que celui-ci se présente comme effectif.

II – L'exécution du concept d'exécution : la normativité du concept

Un concept pour essayer de répondre de manière pertinente à une question du monde doit être pensé à partir de son champ de sens ou de son champ d'apparition - et doit conserver un pouvoir discriminant[24] et ceci afin d'offrir la possibilité de donner du sens au monde. Cette affirmation nécessite d'être clarifiée. Le sens doit être appréhendé comme la manière spécifique dont une chose se manifeste ou se donne à être. Le sens n'est pas la dénotation mais une donation[25] (*arten des gebebenseins*). Nous allons tenter de placer le concept d'exécution dans son champ de sens spécifique et démontrer qu'il est possible de dégager ainsi non seulement une clarification conceptuelle de l'exécution qui se rapporte à la chose en soi qu'est l'exécution dans son mode d'apparition spécifique (A) mais également déduire de cette analyse une pragmatique inférentielle des concepts juridiques compatible avec les thèses réalistes de l'assertabilité garantie (B).

A – Le sens du concept d'exécution

Bien que le concept – d'exécution – de dénote rien dans le monde naturel (il n'est constitutif que d'une institution juridique et non d'un fait brut), ce dernier renvoie à différents « jeux de langage » largement présents dans le droit et dans lesquels une ou plusieurs communauté(s) (les doctrines juridiques) s'accordent à en faire usage.

---

[24] Pour autant, cet outil doit être précis et disposer d'un certain nombre d'attributs. Dans le cas contraire, nous ne pouvons rien en dire. Nous nous accordons seulement sur son utilité, c'est-à-dire s'accorder sur quelque chose qui est de l'ordre du mensonge ou du désaccord. L'utilité d'un concept qui est un concept indéterminé n'est pas de répondre à une question du monde, mais seulement de répondre à une question du monde en faisant semblant d'être d'accord.

[25] V. not. G. Frege, Sens et Dénotation, in *Écrits logiques et philosophiques*, Seuil, p. 102-126.

Diverses théories juridiques s'attachent ainsi à la théorie des obligations et à l'analyse du lien d'exécution.

Toutes les taxinomies qui concernent les obligations sont ainsi constitutives de divers jeux et fondent une manière spécifique de faire usage du concept. La construction d'une théorie au regard de la source, de l'objet, de la nature, ou de la finalité de l'obligation ne sont ainsi que des manières contingentes de faire apparaitre divers champs de sens. Il en est de même des utilités économiques sociologiques ou philosophiques qui peuvent être élaborées…

Il s'agit avec chacun de ses jeux de langage de manifester une donation juridique nouvelle du concept : à chaque fois le concept d'exécution exprime ainsi un sens différent au regard de la même référence (une institution juridique). Le concept juridique d'exécution doit alors être entendu dans cet espace spécifique dans lequel il énonce quelque chose du monde dans l'ordre du droit. La succession de ces théories démontre la volonté de se rattacher à des situations présentent dans le monde et dans une certaine contemporanéité. Elles ne sont ainsi que la raison et donc la justification *a posteriori* du concept.

Le sens du concept d'exécution c'est donc la manière spécifique dont il est donné par une théorie dans une perspective elle aussi spécifique. Nous choisissons ici d'adhérer à une lecture sémantique de l'intentionnalité. Celle-ci peut en effet se référer à un objet ou à une signification. C'est en ce dernier exemple que se forme une lecture sémantique. Pour reprendre la formule de Frege le sens c'est alors le mode de donné de la référence.

Toutefois, le concept, au risque de ne plus être un concept doit toujours garder dans sa zone de pertinence un pouvoir discriminant. Cette question, nous le comprenons, implique à notre sens que tous les objets se distinguent des autres objets : mais il n'existe pas un objet qui se distinguerait de tous les autres objets. En ce sens, certes, logiquement le concept juridique d'exécution doit être par principe discriminant mais pour autant, il y a toujours des proximités ontologiques entre les concepts. Un concept apparait toujours ainsi dans une multitude de champs de sens au sein duquel le juriste va opérer un choix[26].

Le concept d'exécution existe donc dans notre droit contemporain de manière spécifique car il est tributaire d'un sens particulier explicité par la nature d'une donation tout aussi singulière. En effet, exister, c'est selon les approches classiques faire « saillie » à l'égard de quelque chose, c'est tomber dans le monde à partir d'un certain fond. Les choses existent dans un champ spécifique d'apparition.

B – Une ontologie inférentielle compatible avec l'assertabilité garantie

Il s'agit maintenant de partir du postulat selon lequel le droit se fonde sur des faits de langage constitutifs d'institutions[27]. Ce qui assure alors sa cohérence, c'est la manière dont se croisent les discours par inférence, sur l'entrelacement des actes de langage. Il existe, par exemple, un « jeu de langage » dans lequel chacun des différents acteurs utilise le concept d'exécution comme argumentaire représentatif. La donation spécifique du concept d'exécution doit alors être inscrite dans un système inférentiel de raisons qui ne peuvent s'exclure mais doivent se conforter.

Cette analyse est conforme à l'idée selon laquelle dans la perspective réaliste de l'existence des concepts ceux-ci expriment un pluralisme ontologique qui se développe à l'infini. La capacité des agencements ontologiques est cependant limitée par ce que Leibniz appelait le compossible de ces agencements. En ce sens, un concept juridique entendu comme objet existant dans une pluralité potentielle

---

[26] Prenons un exemple trivial pour expliquer notre propos : un hippocampe se différencie *a priori* de tous les autres objets de ce monde naturel. En apparence, il est en opposition avec tous les objets du reste du monde. Pourtant, force est de constater qu'il existe dans un lieu spécifique : n'est-il pas potentiellement dans un aquarium ? N'existe-t-il pas comme objet ou image au sein d'un reportage sur une chaine animalière ? N'est-il pas un bibelot sur le bureau d'un capitaine de la marine marchande ?... Nous le comprenons l'hippocampe existe dans tous ces champs de sens.

[27] V. en particulier sur ce point P. Richard, « Les apports de Wittgenstein à la réflexion comparatiste », dans *Revue internationale de droit comparé*, Vol. 57, n° 4, 2005, p. 904.

de champ de sens manifeste un pluralisme ontologique : l'objet existant dans chacun de ces champs et ces champs étant plus ou moins compossibles.

La référence à une démarche inférentialiste et pragmatique va permettre par le biais d'une enquête d'exprimer ces agencements et le caractère compossible de ceux-ci.

Ainsi, l'inférence concerne le concept d'une manière spécifique. Il ne s'agit finalement que de rendre explicite la série de choix stratégiques qui résultent de l'utilisation pratique du concept d'exécution. Comment à partir de lui s'articulent les raisonnements, comment situer le concept dans une série d'alternatives : de décisions, de justifications, etc.

Il s'agit dans cette forme de pragmatisme d'expliciter les raisons. Notre conscience des choses ne serait dès lors que l'intériorisation d'un acte d'assertion. Le concept n'est plus représentation mais expression de quelque chose. Notre effort conceptuel n'est pas le miroir d'un état de chose mais il s'agit de jouer le rôle d'une lampe, révélatrice active. C'est ce que fait naturellement notre effort de construction conceptuel lorsqu'il tend à passer de l'implicite à l'explicite.

Le fait d'exprimer quelque chose consiste alors à le mettre en forme sous laquelle il peut servir de prémisse et de conclusion dans des inférences.

Nous nous dirigeons dans un dialogue raisonnable, qui nous autorise un usage et engage notre responsabilité dans cette espace de discussion. En assertant, nous nous engageons vers la vérité de ce que nous introduisons comme argument. Le conceptuel prendra alors la forme d'une proposition. Concrètement, cela nous renvoie à la compréhension de ce qu'explicitement signifie « dire ou penser ».

Ainsi parler de l'exécution cela signifie entrer dans un espace de discussion spécifique ou vont être articulées diverses raisons qui vont répondre, au sens juridique l'une de l'autre. Dire qu'existe une exécution, c'est rendre explicites certaines choses qui sont généralement de l'ordre de la convention plus ou moins inconsciente. Cela signifie d'une part, que les acteurs de ce jeu acceptent les prémisses que l'exécution appartienne à un genre juridique particulier et qu'elle repose sur une conception spécifique du droit et, d'autre part, qu'ils acceptent également toutes conditions liées à cet usage.

L'objectif n'est donc pas de dégager le contenu du concept, ce serait retomber dans l'erreur de la représentation, mais de dégager les engagements inférentiels implicites que l'acceptation tenant à l'usage implique, pour que les acteurs de ce jeu puissent convenablement articuler leur raisonnement.

Exécution concurrente de la décision de justice et de l'acte notarié

par *Bahaa Boukhdoud,*
Doctorant en droit privé à l'Université de Toulon (UTLN),
AttachéTemporaire d'Enseignement et de Recherche à l'Université de Toulon (UTLN),
Centre d'Études et de Recherches sur les Contentieux(CERC) n°EA 3164

Si la guerre est, selon Carl Clausewitz, « la continuation de la diplomatie par d'autres moyens »[1], l'exécution de la décision de justice est-elle, en matière de contrats, la continuation de leur exécution par d'autres moyens ?

En effet, au-delà et en l'état du droit positif, une guerre semble être déclenchée entre les différents instruments d'exécution contractuelle. Un contrat, quelle que soit sa nature, suppose le libre consentement de chacune des parties, ainsi que le respect d'un accord mutuel en vertu duquel elles engagent des actions qui dépendent des clauses fixées. D'une certaine façon, le contrat est donc une manière d'éviter l'affrontement : une forme d'entente négociée entre deux instances possédant chacune un bien convoité par l'autre. Dès lors que l'on s'est imposé conjointement une interrogation, comment gérer l'inexécution de l'une des parties ? Dans cette hypothèse, que devient le contrat lorsqu'il est l'enjeu d'une décision judiciaire ?

On connaît les prémisses doctrinales de cette interrogation, le contrat[2], qui selon le professeur Le Tourneau, « est destiné à assurer la création et la circulation des richesses, à échanger des biens et des services ; il n'a pas pour finalité de réparer des dommages »[3]. En cas d'inexécution,la sanction attribuée au débiteur joue un rôle fondamental. Le débat ne vaut que vis-à-vis de la nature de la

---

[1] C. Von Clausewitz, *De la guerre*, Payot & Rivages, 2006, p. 43.

[2] Selon l'avant-projet de réforme du droit des obligations, le contrat se définit comme « un accord de volontés entre deux ou plusieurs personnes destiné à créer des effets de droit ».

[3] Ph. Le Tourneau (dir.), *Droit de la responsabilité et des contrats*,Dalloz, 2012, § 6.

sanction : onpeut viser par la sanction soit l'exécution du contrat, soit la réparation du préjudice dans la mesure oùle contrat n'a pas été rempli ?En effet, de la nature de la sanction est conditionnée l'efficacité des outils attribués à la décision de justice et ce,dès lors que justement, l'exécution du contrat est le but principal du contrat.

Si l'exécution de la décision de justice semble effectivementrassurerles créanciers, celle-ci n'est pas toujours la continuation du contrat et ne représente d'ailleurs pas souvent l'intérêt du créancier. Le professeur Pascal Ancel, dans son article sur « l'exécution des contrats et l'exécution des décisions de justice »[4], analyse les liens qui se manifestent entre l'exécution de la décision juridictionnelle et l'exécution du contrat. Il démontre que ces dernières peuvent s'enchainer ou se séparer. Elles s'enchainent lorsque l'exécution de la décision est le moyen de parvenir à l'exécution du contrat tandis qu'il y aura rupture, conflit, et doncséparation entre elles car l'exécution de la décision n'a rien à voir avec l'exécution du contrat.

La justesse au cœur de la justice et de ses décisions est une évidence pour le citoyen. À bien des égards, le contrat matérialise une loi entre les différentes parties ; il la matérialise même selon l'article 1134 du Code civil. Selon Montesquieu, « quand je vais dans un pays, je n'examine pas s'il y a de bonnes lois, mais si on exécute celles qui y sont, car il y a de bonnes lois partout »[5]. Pour le célèbre philosophe des Lumières, toute loi s'engage par définition à être exécutée. Si l'on extrapole, il va dans le même sens que Jean-PaulCosta lorsqu'il affirmaitque « la justice n'a pas seulement à être rendue, mais il doit être visible qu'elle est rendue »[6]. Déroger au contrat revient donc à manquer à une loi, ce qui implique de rendre

---

[4] P. Ancel, « Exécution des contrats et exécution des décisions de justice », in L'exécution, XXIIIème colloque des Instituts d'études judiciaires à l'Université Jean Moulin de Lyon, L'Harmattan, 2001, pp. 151-176. Il donne notamment un exemple : « le titre exécutoire délivré par le juge permettra au créancier d'obtenir son paiement ou parce que l'astreinte prononcée amènera le débiteur récalcitrant à résipiscence », *ibid*, p. 154.

[5]Montesquieu, *De l'esprit des Lois : Anthologie*, Flammarion, 2013.

[6] J.-P. Costa, « La contradiction sous l'influence de l'article 6§1 : le principe du contradictoire dans l'article 6 §1 de la jurisprudence de la Cour européenne des droits de l'homme », *R.F.D.A.*, 2001, n° 1, p. 31.

ensuite visible son exécution. Sanctionner l'inexécution contractuelle par l'intervention de la justice revient finalement à exiger par-delà la volonté de la partie concernée l'exécution de son obligation.

Sur la base de ce constat, des projets de réforme – en droit des contrats – ont été influencés par l'idée de la force obligatoire du contrat prévue par l'article 1134 du Code civil. Ils ont prévu de sauver le contrat et d'en accompagner l'exécution car celle-ci se présente comme lasolution à l'inexécution contractuelle. De ce choix engagé en direction d'une exécution contractuelle découle la volonté de déterminer qui del'exécution des décisions de justice ou de celle de l'acte notarié paraîtra assurer la continuation du contrat. Cette question pose en outre implicitementcelle de savoir si l'exécution du contrat est une manifestation suffisante de reddition de la justice ou si son intervention doit induire l'ajout de dommages et intérêts.

La volonté seule des parties d'établir un contrat ne suffit pas à assurer sa viabilité, encore faut-il qu'il demeure acceptable selon les règles admises par la société. Le notaire garant de son authenticité permet de se prémunir contre l'accusation de falsification, de par la seule rédaction des actes notariés. Le professeur Toullier[7] qualifiera alors le notariat de « dépendance ou démembrement de la justice » tandis qu'en 1828, A.-J. Massé énoncera quant à lui : « cette faveur (la force exécutoire) n'a été accordée aux actes notariés que par une fiction dans laquelle on suppose que les contractants se condamnent volontairement à exécuter leurs conventions, devant un notaire qui a été revêtu à cet effet des fonctions de juge cartulaire, c'est-à-dire de juge rédacteur et dépositaire public et légal de la charte qui contient cette condamnation volontaire ». Par ces mots, il est clair que la fonction notariale entretient une confusion avec la fonction de jugement et ceci bien qu'elle soit en amont de toute forme de contrat.

Dans un article récent, le professeur Maxime Julienne soulignait, toujours dans ce sens que« le rapprochement de l'acte notarié et du jugement se justifie par l'histoire du notariat qui dérive effectivement

[7] C. B. M. Toullier est un jurisconsulte français ayant vécu aux 18èmes et 19èmes siècles.

d'un processus juridictionnel »[8].S'appuyant sur les auteurs du Droit ancien, il rappelait ainsi que l'institution notariale est directement née de la nécessaire accélération du cours de la justice par adjonction, aux côtés des sentences *parées* rendues par les tribunaux de droit romain, des contrats « confessionnés » par lesquels le débiteur était *condamné* au moment même de son consentement reçu par un notaire. Celui-ci était alors rattaché à une juridiction qui lui déléguait son pouvoir. En ce sens, il apposait sur ses actes le sceau de cette juridiction.

On comprend que dans cette perspective, « un acte notarié n'a force exécutoire que s'il est authentique, s'il émane d'un délégataire investi d'une parcelle de l'autorité publique, et s'il est l'exact reflet de la volonté non viciée des parties »[9]. On comprend également que le consentement mutuel contient en creux la condamnation au cas de manquement, car l'acceptation des clauses se mue en acceptation des contraintes, et ce, au nom de la parole donnée devant un notaire investi du pouvoir de rendre exécutoire tout acte qu'il approuve, lui accordant une authenticité indéniable.

Bien que la loi du 6 octobre 1791 ait donné aux notaires mission de conférer force exécutoire à leurs actes en apposant leur propre sceau et non plus celui d'une juridiction, l'origine juridictionnelle des actes notariés subsiste et a même été entérinée au XXe siècle parl'article 33alinéa 2 du décret n° 71-942 du 26 novembre 1971: « Les copies exécutoires sont les copies authentiques qui se terminent par la même formule que les jugements des tribunaux. Les autres copies authentiques ne peuvent être délivrées en forme exécutoire ».

Malgré cette évolution, le caractère privatif de la profession notariée, demeure, aujourd'hui encore, empreint d'un caractère public.

L'activité notariale est d'ailleurs très fortement réglementée. Citons, à titre d'exemple : le caractère pérenne de la soumission des offices à un tarif réglementé ; l'obligation faite à tout notaire d'instrumenter dans les limites qui lui sont imparties par le droit et donc l'interdiction d'instrumenter un acte auquel lui, l'un de ses

---

[8] M. Julienne,« Le caractère exécutoire de l'acte authentique. La force publique au service des contractants »,*JCP N*, 2014,n° 29, chron., n° 1250.

[9] E. Leroy, « De la force exécutoire des actes notariés », in *Authenticité et informatique*, Bruylant, 2000, p. 94.

proches, l'un de ses associés ou un membre de la famille de ses associés, serait partie[10].

La fonction notariale se situe en amont de l'inexécution, c'est-à-dire au moment du consentement quand il s'agissait de prévenir l'éventualité d'un risque d'inexécution. Toutefois, la ressemblance entre les actes notariés et les décisions juridictionnelles, revêtues de la force de chose jugée, s'arrête là. L'acte notarié n'est plus, depuis la loi du 6 octobre 1791, un acte juridictionnel à proprement parler[11]. Le notaire n'est plus que le garant du contrat et de sa conformité.

Qu'advient-il alors au contrat en aval, lorsque sa résolution a été entravée ? En cas d'inexécution de ses obligations par l'une ou l'autre des parties, le juge saisi pourra contraindre les parties au respect de leurs obligations contractuelles ou simplement sanctionner la partie défaillante. La décision juridictionnelle allant en ce sens n'aura force exécutoire qu'après notification à la partie adverse et écoulement du délai de tout recours suspensif d'exécution tels que l'appel ou l'opposition. Cependant, l'exécution volontaire du contrat peut se poursuivre concomitamment à l'exécution de la décision judiciaire, celle-ci surajoutant son efficacité à celle-là par :

- la qualité exécutoire du titre que constitue une décision de justice offrant au créancier des garanties d'obtention de sa créance ;

- la menace d'une astreinte pesant sur le débiteur récalcitrant.

---

[10]Art. 2 du décret n° 71-941 du 26 nov. 1971 :*« Les notaires ne peuvent recevoir des actes dans lesquels leurs parents ou alliés, en ligne directe, à tous les degrés, et en ligne collatérale jusqu'au degré d'oncle ou de neveu inclusivement, sont parties, ou qui contiennent quelque disposition en leur faveur.Les notaires associés d'une société titulaire d'un office notarial ou d'une société de notaires ne peuvent recevoir des actes dans lesquels l'un d'entre eux ou les parents ou alliés de ce dernier au degré prohibé par l'alinéa précédent sont parties ou intéressés ».*

[11] Un acte juridictionnel découle d'une autorité et d'une force basée sur le pouvoir du juge. En plus de l'autorité du juge de trancher les litiges, ce dernier impose le jugement aux destinataires. Une fois les voies de recours épuisées, le jugement possède la force de chose jugée. En revanche, le notaire n'est qu'un authentifiant de l'acte contenant la volonté des parties et bénéficiant de la force obligatoire.

Cependant, ce schéma basique doit être tempéré par une différenciation entre deux types de contrats : le contrat notarié et celui qui ne l'est pas.

Dans le cadre du contrat notarié, le créancier victime de l'inexécution de ses obligations par le débiteur peut directement recourir à l'exécution forcée et ceci sans qu'il soit nécessaire pour cela d'obtenir au préalable une décision de justice. Nous l'avons précisé plus haut, le contrat devient alors le signe d'un accord autant que d'une condamnation.

À l'inverse, dans le cadre d'un contrat conclu hors la présence d'un notaire, le créancier lésé doit, au préalable, obtenir une décision de justice aux fins de condamnation à exécution forcée de son débiteur. C'est l'acte « en lui-même » qui se voit d'abord examiné pour déterminer s'il est recevable. Cette différence est de taille et elle implique la nature même de ce qui définit un contrat.

Pourtant, dès lors que le contrat n'a d'autre but que l'exécution des obligations qu'il contient et que le Code civil intègre un dispositif de mise en œuvre forcée, sa nature – notariée ou non – doit être appréciée au regard de l'efficacité de cette exécution. On cherche ainsi toujours l'intérêt du contrat et des contractants : d'où l'intérêt de déterminer si celui-ci est mieux garanti dans l'exécution d'un acte notarié ou dans l'exécution de la décision de justice ?

C'est cette distinction qui fera l'objet de notre étude. Pour mener à bien cette réflexion,il faudra comparer les deux actes exécutoires que constituent, d'une part, l'acte notarié et, d'autre part, la décision de justice (I) avant de chercher à appréhender leur efficacité au regard des incidents d'exécution et de l'attribution de la compétence juridictionnelle pour en connaître (II).

I. La décision de justice et l'acte notarié : deux titres exécutoires de nature distincte

Bien que tous deux revêtus d'une capacité directe de mise en œuvre forcée, l'évolution historique semble démontrer que l'influence de l'acte notarié a été minimisée au regard de celle revêtue par une décision de justice (A) et ce alors que l'exécution du contrat se réalise par l'exécution de l'acte notarié (B).

A. Prépondérance des effets de la chose jugée sur ceux de l'acte notarié

La diminution de valeur des actes notariés par rapport aux décisions judiciaires revêtues de la force de chose jugée résulte, paradoxalement, de l'examen conjoint de deux catégories de décisions de justice : celles qui ne se prononcent que sur la nature et la conformité des conventions à l'ordre public et aux bonnes mœurs et celles qui décident, avec la force de chose jugée, de la validité des obligations des parties.

Ainsi, le professeur HervéCroze[12] objecte à la suprématie des actes notariés par rapport aux actes sous seing privé, l'attribution de la valeur du titre exécutoire par la procédure d'homologation judiciaire régie par les articles 1441-1 et 1568 du Code de procédure civile. Cette homologation confère en effet aux conventions sous seing privé (dont la nature et la conformité à l'ordre public et aux bonnes mœurs auront été avalisées) qualité de titre exécutoire et ceci alors même que cette procédure échappe aux exigences du procès équitable (notamment par absence de vérification de la signature du débiteur[13]). Elle interdit également au juge auquel est soumise cette homologation de procéder à une vérification de la validité générale de l'acte. H. Croze, commentant un arrêt rendu par la 1ère chambre civile de Cassation le 16 octobre 2013[14], voit dans l'homologation judiciaire « un modèle moderne de titre exécutoire » apte à remplacer l'acte notarié exécutoire. Cette procédure, dite d'*exequatur*, donne au sceau juridictionnel une valeur incontestable dans l'exécution des conventions sous seing privé par l'intermédiaire de l'huissier de justice.

---

[12] H. Croze, « Authentique », *Procédures 2013*, repère 10.
[13]Ph. Thery, « Procédures civiles d'exécution et droit international privé », *L.P.A.*, 22 déc. 1999, p. 11 et s., spéc. p. 12.
[14]H. Croze,« Titre exécutoire sur titre exécutoire ne vaut ? »,*JCP G.*,9 déc. 2013,n° 1299, notesousCass. 1ère civ., 16 oct. 2013, n° 12-21.917.

Par ailleurs, contrairement aux décisions judiciaires devenues définitives, l'acte notarié, bien que revêtu de la force exécutoire, permet au débiteur d'une obligation de contester sa régularité tout comme la validité de l'engagement qu'il constate, faisant dire à A. Leborgne que : « l'acte notarié est un titre exécutoire qui peut paraître plus incomplet qu'une décision de justice et qui, en tout état de cause, n'a pas autorité de la chose jugée »[15].

Ceci étant, cette apparente incomplétude de l'acte notarié (constitutive d'une garantie pour le débiteur qui ne se voit privé, ni du recours au juge, ni des exigences du procès équitable), replace un tel acte dans la sphère non judiciaire à laquelle il appartient contrairement à la décision judiciaire ayant acquis force de chose jugée. Celle-ci, en effet, ne peut plus être remise en cause, y compris par le juge de l'exécution qui en vertu de l'article R. 121-1 du Code des procédures de l'exécution ne peut ni modifier le dispositif de la décision de justice qui sert de fondement aux poursuites ni en suspendre l'exécution.

L'acte notarié ne confère donc pas autorité de la chose jugée aux prétentions des parties ; il n'est ni incontestable ni définitif. Cependant, il dispose d'un caractère préventif à même de rassurer et de protéger les intérêts de chacun. Il offre au créancier la possibilité d'agir sans délai contre son débiteur, constituant ainsi pour celui-ciune garantie d'exécution dont l'effectivité doit être mesurée au regard du droit et des pratiques d'exécution des obligations contractuelles.

B. L'exécution du contrat s'accomplit par l'exécution de l'acte notarié

Un contrat n'est pas signé dans le but de s'en dédire. Il est conçu pour être exécuté. Or, l'irruption du judiciaire implique qu'une sanction rende visible son intervention. Il s'agit de démontrer que l'exécution de la décision de justice se partage entre la réparation du préjudice subi et l'exécution du contrat. En revanche, l'exécution de l'acte notarié, elle, se limite à la réalisation des termes du contrat. En effet, son exécution traduit une volonté d'harmonie avec le principe de

[15] A. Leborgne, *Voies d'exécution*, Dalloz, 2009, 1ère éd., §440.

l'échange à la base du contrat. Pour les parties, c'est le maintien des vertus du dialogue où l'accord contractuel ne s'échange pas contre l'obtention d'une réparation puisque cette exécution réalise l'intérêt du contrat.

La réparation est « le dédommagement d'un préjudice par la personne qui en est responsable civilement, le rétablissement de l'équilibre détruit par le dommage, consistant à replacer si possible la victime dans la situation où elle serait si le dommage ne s'était pas produit »[16].L'exécution est, quant à elle, « l'accomplissement par le débiteur de la prestation due, le fait de remplir son obligation, impliquant satisfaction donnée au créancier »[17]. On appelle doncexécution « la sanction tendant à obtenir, au besoin par la contrainte, l'accomplissement d'une obligation »[18].

Le débat doctrinal et jurisprudentiel sur la différence entre réparation et exécution, en cas de manquement contractuel, nous invite à adopter un point de vue pragmatique. La réparation ramène les contractants à la situation qui précède à l'inexécution du contrat, en réparant le préjudice causé par le débiteur. Cette solution semble de prime abord plus appropriée au délit qu'aumanquement contractuel. L'exécution, telle que définie, reste la sanction la plus appropriée et la plus fidèle au contrat. Elle ne crée pas une nouvelle obligation de réparation et se contente de mettre en œuvre l'intérêt ayant motivé le contrat.

Les décisions judiciaires adoptent en majorité la réparation comme solution aux manquements contractuels. Elles menacent, d'une certaine façon, la crédibilité sacramentelle d'un contrat. En revanche, dans le cadre d'un contrat notarié, le créancier, victime de l'inexécution de ses obligations par son débiteur, peut directement recourir à l'exécution forcée sans qu'il soit nécessaire pour cela d'obtenir au préalable une décision de justice. En d'autres termes, et comme le précisait R. Perrot à l'occasion du commentaire d'un avis rendu par les Chambres civiles de la Cour de cassation le 16 juin

---

[16] P. Rémy-Corlay, « Exécution et réparation : deux concepts ? », *R.D.C.*, 01 janv. 2005, n° 1, p. 13.
[17] *Ibid*, p. 13.
[18] V. « Réparation » et « Exécution », in *Vocabulaire juridique H. Capitant*, dir. G. Cornu, P.U.F., 2003.

1995 : « L'acte notarié ne puise pas seulement son autorité dans la présence du notaire qui en garantit l'authenticité : il tire sa force d'un négocium qui résulte de la volonté exclusive des parties. À la différence du juge qui ordonne et dont la discussion ne se discute pas, le notaire ne fait qu'authentifier des engagements dont il n'a pas la maîtrise »[19].

L'exécution de l'acte notarié se présente finalement comme une sorte d'exécution du contrat, qu'elle soit par nature ou par équivalent. La finalité même de l'acte notarié est la réalisation du contrat, auquel il insuffle son autorité. Au contraire, l'exécution d'une décision de justice dépasse le contrat et ses répercussions résonnent tel un *diktat* qui retire tout consentement mutuel au profit des accents irrévocables du judiciaire. En quelque sorte, il transforme la parole négociée en délit.

[19] R. Perrot, « Juge de l'exécution. Compétence d'attribution : difficultés relatives aux titres exécutoires »,*R.T.D. Civ.*., 1995, p. 692.

II. Effectivité du caractère exécutoire de l'acte notarié en cas d'inexécution volontaire de ses obligations par le débiteur

S'interroger sur le degré comparé d'effectivité d'un acte notarié et d'une décision judiciaire ne prend de sens qu'au regard de la pratique contractuelle et de l'inexécution de ses obligations par un débiteur.

C'est donc au regard de la pratique contractuelle par des débiteurs défaillants (ou tentés de l'être) qu'il convient de s'interroger à l'égard de la réelle capacité exécutoire des actes notariés (A). Il faudra ensuite tenter de délimiter l'objet et la place des décisions judiciaires en cette matière de l'inexécution contractuelle (B).

A. Avantages de l'acte notarié en cas d'inexécution de ses obligations par un débiteur contractuel

Comme déjà exposé *supra*, l'acte notarié constitue un titre exécutoire. Celui qui le détient peut donc faire pratiquer à l'encontre de son débiteur toutes les voies d'exécution prévues par la loi sans avoir à recourir, au préalable, au juge aux fins de constater les obligations du débiteur défaillant. En effet, le créancier d'une obligation constatée par acte notarié n'a pas besoin de rendre « signifiant » cet acte afin de mettre en œuvre à l'encontre de son débiteur une procédure exécutoire.

L'exécution d'un acte notarié présente en cas d'inexécution de ses obligations par un débiteur l'avantage de la rapidité et de la simplicité par rapport à l'obtention d'une décision judiciaire exécutoire devenue nécessaire en cas d'inexécution de ses obligations par un débiteur défaillant, partie à un contrat sous seing privé.

Un second avantage – et non des moindres – réside dans le fait que le créancier d'un acte notarié peut recourir directement à toutes les mesures conservatoires légales dès lors que l'exécution lui paraît menacée et ceci même si la créance n'est pas encore liquidée. En pratique, la liquidation d'une créance d'un acte notarié ne pose, généralement, aucune difficulté. En effet, sa contrepartie monétaire est énoncée explicitement dans le contrat de deux manières : soit directement inscrite à l'acte notarié ; soit, comme l'énonce l'article 4 de la loi du 9 juillet 1991, elle y est prise en compte à travers l'indication de tous les éléments relatifs à son évaluation monétaire. Celle-ci est dès lors aisément déterminée ou déterminable à l'occasion de l'exercice d'une saisie conservatoire effectuée sur les biens du débiteur, par un huissier de justice.

Dans l'hypothèse d'une contestation portée devant le juge de l'exécution par le débiteur à l'encontre des mesures prises par le créancier aux fins de recouvrer ou conserver sa créance, l'exécution de l'acte notarié conserve, par conséquent, un avantage certain sur celle de l'acte sous seing privé.

En effet, les mesures de recouvrement ou de conservation de sa créance par un créancier ne seront dans ce cadre pas suspendues et s'appliqueront tout au long de l'instance. Cependant, si la contestation soulevée par le débiteur est accueillie avec faveur par le juge de l'exécution cet atout momentané engendrera, dès lors, un risque pour le créancier.

Les avantages conférés au créancier d'un acte notarié lui attribuent ce qu'on nomme usuellement « le privilège du préalable » en référence aux pouvoirs de l'administration. En ce sens, il appartient au débiteur de prouver le caractère infondé des mesures d'exécution diligentées à son encontre.

On se situe ici dans un rapport exactement inverse à celui des parties liées par un acte sous seing privé. Dans ce cas, c'est au créancier lésé d'apporter au juge saisi la preuve de ses droits. Il laisse alors au débiteur la possibilité de recourir à des manœuvres dilatoires aux seules fins de reculer la date de sa condamnation à exécuter ses propres engagements.

En outre, l'acte notarié revêt, à n'en pas douter un caractère dissuasif envers le débiteurdu fait de la facilité de saisine du juge de l'exécution par le créancier et du fait de la faible marge laissée à un débiteur pour ne point exécuter des obligations auxquelles il s'est librement engagé devant un notaire[20]. Il confère à l'échange signifié

---

[20] C. Lefebvre, « Le titre exécutoire notarié : une opportunité pour les entreprises », disponible en ligne :http ://www.oec-paris.fr/fr-FR/701,7/interprofessionnalité.htlm/

par le contrat une nature officielle (authentique) et incite à un règlement amiable des parties confrontées à un contentieux.

En conséquence, comme le souligne le professeur Pierre Berlioz « l'acte notarié est celui qui, seul, peut vaincre par sa force la résistance de ses débiteurs... [même s'] il n'est pas absolument dépourvu de faiblesse et peut-être vaincu »[21].

En effet, l'acte notarié n'est pas irrévocable. Malgré qu'il soit contestable devant les tribunaux, l'acte notarié porte en lui des armes dissuasives permettant d'empêcher aux débiteurs de mauvaise foi d'user de toute chicane dans l'unique but de retarder l'exécution contractuelle en cause.

Ceci étant, si l'acte notarié permet un recours accéléré à la justice, sa saisine demeure possible autant en cette matière que pour celle de contrats sous seing privé. Il importe donc, au terme de cette étude, de s'interroger sur leur nature éventuellement similaire à partir de l'exécution forcée d'un contrat notarié et de celle d'une décision judiciaire.

B. Nature comparée de l'exécution forcée d'un contrat notarié et de celle d'une décision judiciaire

La première différence remarquable entre l'acte notarié et la décision juridictionnelle réside dans leur origine, dans la nature distincte de la fonction de ceux qui en sont les auteurs et donc de leur degré d'*imperium*.

En effet, tandis que l'acte notarié n'authentifie que la volonté des parties, la décision de justice émane d'une autorité juridictionnelle disposant du pouvoir de « dire le droit » applicable à la situation particulière qui lui est soumise.

Le jugement fixe donc, de manière autoritaire, la situation des parties et impose par là sa solution aux plaideurs. Il s'apparente à un ordre impératif qui constitue une norme individuelle qualifiée de « force de chose jugée ». De ce fait, les parties ne peuvent se

---

[21] P. Berlioz, « Limites et difficultés d'exécution de l'acte authentique », *JCP. N*, 18 juill. 2014, n° 29, n° 1252.

soustraire à la volonté émise par un juge.Elles sont tenues de la respecter, et ceci dès lors qu'elles ont épuisé tous les recours devant une juridiction supérieure.

Au contraire, l'acte notarié, s'il garantit une *apparence* de certitude, de liquidité et d'exigibilité de la créance permettant ainsi de donner force exécutoire à l'acte privé, il n'en demeure pas moins contestable par tout débiteur à qui l'on oppose un engagement qu'il contredit.

Saisie d'une demande de QPC relative au caractère de force exécutoire attachée aux actes notariés, la Cour de cassation a, le 12 mai 2011, estimé que la contestation qui lui était présentée était dépourvue de caractère sérieux. Cette position est justifiée par le fait que « le débiteur dispose d'un recours effectif et d'un droit à un procès équitable dès lors qu'il peut remettre en cause devant le juge de l'exécution l'acte notarié exécutoire dans son principe ou la validité des droits et obligations qu'il constate »[22]. En d'autres termes, la validité et la licéité des obligations transcrites dans un acte notarié, quand elles ne proviennent pas d'une autorité disposant par définition du pouvoir de « dire le droit », peuvent toujours être soumises à un contrôle du juge. Celui-ci est de toute évidence effectué*a posteriori,* et donnera ou non force de chose jugée à la force exécutoire alléguée par le créancier.

À titre d'exemple, une reconnaissance de dette notariée, souscrite en période suspecte, prive de fondement toute saisie-attribution pratiquée en exécution d'une telle reconnaissance de dette légalement impossible[23].

Le caractère d'*imperium* attaché à l'exécution d'une décision juridictionnelle et non à l'exécution d'un acte notarié trouve également son illustration au regard du délai de prescription, qui est celui de droit commun, c'est-à-dire cinq ans, pour l'exécution d'un acte notarié revêtu de la formule exécutoire. L'exécution d'une décision de justice est, pour sa part, étendue à un délai spécifique de dix ans selon l'article L. 111-4 du Code de procédure civile.

---

[22]Cass., 2ème civ., 12 mai 2011, n° 11-40.006.

[23]Cass.com., 1er oct.. 2002, n° 01-03.216 ;*JurisData*, n° 2002-015711 ; *Bull. civ.*, 2002, IV, n° 134.

Un autre point, particulièrement important, mérite toute notre attention : il s'agit de la compétence juridictionnelle en cas d'inexécution ou de difficulté d'exécution des obligations contractuelles. Dans ce champ, la compétence du juge de l'exécution apparaît élargie lorsqu'il se trouve face à un acte notarié relativement à cette même compétence face à une décision de justice cette fois.

Ainsi, l'article R. 121-1 du Code des procédures civiles d'exécution interdit au juge de l'exécution de modifier le dispositif d'une décision juridictionnelle ou d'en suspendre l'exécution. Les actes notariés, eux, peuvent voir leur exécution être interrompue par le biais d'une décision du juge.

S'agissant des actes notariés, le juge de l'exécution –et lui seul – peut statuer dans le cadre d'une procédure d'exécution, et ceci sur toute contestation relative au titre concerné, même si elle ambitionne de remettre en cause le principe de celui-ci ou la validité des droits et obligations qu'il constate. Il peut, par exemple, « dire si un acte constitue un titre exécutoire, statuer sur la prescription invoquée par le débiteur ainsi que sur toute éventuelle interruption de délais »[24]. La limitation de l'intervention du juge de l'exécution à la seule hypothèse où, au cours de mesures d'exécution forcées s'élèvent des contestations ou difficultés, rappelée par la Cour de cassation dans un avis rendu en 1995[25], a été confirmée par cette même Cour dans un arrêt rendu le 31 janvier 2013[26]. Dans cet arrêt, la Cour a précisé que la compétence du juge de l'exécution, bien que limitée aux cas de contestations et de difficultés rencontrées à l'occasion de procédures d'exécution forcée, englobait aussi celles propres à la prise de mesures conservatoires.

Toutefois, doté d'une compétence exclusive et limitée, le juge de l'exécution se voit nier cette compétence lorsque la difficulté soulevée devant lui a pour objet une demande d'inscription en faux contre un acte authentique, ainsi qu'en a décidé la Cour de cassation[27].

---

[24] P. Berlioz, *op. cit.*
[25]Cass., Avis, 16 juin 1995 ;*Bull. civ.*, avis 1995, n° 9.
[26]Cass., 2ème civ., 31 janv. 2013, n° 11-26.992 ;*JurisData*, n° 2013-001140; *Bull. civ.*, 2013, II, n° 19.
[27]Cass., 3ème civ., 18 févr. 1999 ; *Bull. civ.*, 1999, II, n° 35.

Ainsi, si l'acte notarié dispose en matière d'exécution d'avantages considérables par rapport au simple acte sous seing privé, il n'en reste pas moins un acte dépourvu de la force de chose jugée se situant ainsi, au regard de l'effectivité de la force exécutoire, en deçà de celle attachée aux décisions juridictionnelles. Située en amont de la pratique contractuelle, la fonction notariale octroieun crédit qui rejaillit sur l'authenticité de l'acte, mais non une autorité, qui, si elle est requise en aval, est le privilège de celui à même de « dire le droit ».

Chapitre 2 – Le retour du droit vers le fait par l'exécution des décisions de justice en matière publique

Le juge administratif contemporain : pouvoirs et exécution des décisions de justice

par*Alexis Le Quinio,*
Docteur en droit public,
Maître de conférences à l'Université de Toulon (UTLN),
Centre de Droit et de Politique Comparés (CDPC)CNRS-UMR 7318

Traiter des pouvoirs du juge administratif dans la perspective de l'exécution des décisions de justice peut sembler paradoxal. En effet, l'exécution de la décision ne peut être que postérieure au prononcé de la décision, or, ce prononcé épuise les pouvoirs du juge administratif[1] qui est dessaisi du dossier.

L'exécution des décisions de justice par le juge administratif se concrétise en deux étapes : les modalités d'action du juge et l'exécution proprement dite de la décision par l'administration. Notre réflexion portera sur la première étape[2].

De manière générale, et même si d'autres voies existaient[3], il a fallu attendre les lois de 1980[4] sur l'astreinte et de 1995[5] sur l'injonction[6] pour que le juge administratif dispose pleinement des moyens d'assurer la bonne exécution de ses décisions dans le domaine du recours pour excès de pouvoir. En effet, dans le cadre du plein contentieux, le juge administratif a toujours bénéficié d'une plénitude

---

[1] CE, 14 déc. 1979, *Pointe*, Rec. Leb., p. 845.
[2] L'exécution de la décision par l'administration fait l'objet d'une étude par Maxime Lei dans le présent ouvrage.
[3] C'était notamment le cas pour les contraventions de grandes voiries (CE, 8 janv. 1960, *Lafon*, Rec. Leb., p.15) en cas d'occupation irrégulière du domaine public ou dans le cadre du référé précontractuel (art. L. 551-2 et s. du CJA).
[4] Loi n° 80-539 du 16 juill. 1980 relative aux astreintes prononcées en matière administrative et à l'exécution des jugements par les personnes morales de droit public.
[5] Loi n° 95-125 du 8 févr. 1995 relative à l'organisation des juridictionset à la procédure civile, pénale et administrative.
[6] L'injonction a pu être définie par Jacques Chevallier comme « une condamnation à une obligation positive sous menace de sanction qui peut se présenter sous la forme plus précise d'une astreinte », voir J. Chevallier, « L'interdiction pour le juge de faire acte d'administrateur », *A.J.D.A.*, 1972, p. 68.

de juridiction et pouvait ordonner de manière précise à l'administration les modalités d'exécution de sa condamnation.

Pour la Cour européenne des droits de l'homme, l'exécution des décisions de justice constitue un corollaire du droit à un procès équitable[7] qui doit être concrétisé par une série d'éléments, notamment par le fait qu'un « jugement rendu doit pouvoir être compris par le justiciable [...] sa lisibilité dépendra de ses qualités de rédaction »[8]. L'office du juge ne se limite pas à trancher le litige qui va lui être soumis, il lui appartient également d'en assurer la bonne exécution[9]. Comme l'a affirmé le Conseil constitutionnel, « toute décision de justice a force exécutoire ;qu'ainsi, tout jugement peut donner lieu à une exécution forcée, la force publique devant, si elle y est requise, prêter main-forte à cette exécution ;qu'une telle règle est le corollaire du principe de la séparation des pouvoirs énoncé à l'article 16 de la Déclaration des droits de l'homme et du citoyen »[10].

Le juge administratif est amené, depuis quelques années, à concevoir son office différemment, « non seulement ce dernier est conduit, invité en ce sens par les parties, à s'intéresser de plus en plus aux conséquences des décisions qu'il rend, mais encore prend-il la peine de s'assurer que les conséquences de ses décisions seront à la fois certaines et adéquates »[11]. Cette évolution de son office le conduit à intégrer dans sa rédaction la réception de ses décisions.

---

[7] CEDH, 19 mars 1997, *Hornsby c/ Grèce*, Rec. 1997-II, p. 495, § 40 : « le droit d'accès à un tribunal serait illusoire si l'ordre juridique interne d'un Etat contractant permettait qu'une décision judiciaire définitive et obligatoire reste inopérante au détriment d'une partie ».

[8] N. Fricero, « La qualité des décisions de justice au sens de l'article 6§1 de la Convention européenne des droits de l'homme », in P. Mbongo(dir.), *La qualité des décisions de justice*, Actes du colloque tenu à Poitiers les 8 et 9 mars 2007, Editions du Conseil de l'Europe, 2007, p. 57.

[9] CJCE, 19 juin 1990, aff. C-213/89, *Secretary of State for Transports v. Factortame Ltd.*, § 21.

[10] CC, décision n° 98-403 du 29 juillet 1998, *Loi d'orientation relative à la lutte contre les exclusions*, cons. 46.

[11] X. Domino, J.-H. Stahl, « Injonctions : le juge administratif face aux réalités », *A.J.D.A.*, 2011, p. 2229.

Tant les pouvoirs d'injonction du juge administratif[12] que la motivation de ces décisions[13] ont fait couler beaucoup d'encre. L'évolution de la motivation des décisions du juge administratif découle de nouveaux impératifs auxquels le juge est confronté. Le Professeur Le Bot le rappelle, « dans un contexte où l'accessibilité et l'intelligibilité de la norme est érigée en objectif de valeur constitutionnelle, le juge administratif jurislateur entend énoncer clairement les normes dont il est à l'origine »[14]. Et cette énonciation clarifiée passe nécessairement par une évolution de la motivation et de la précision des décisions. En effet, une meilleure compréhension de la solution par ses destinataires est la condition d'une bonne exécution de la décision.

Les pouvoirs du juge administratif relatifs à l'exécution des décisions de justice tiennent de la reconnaissance de pouvoirs spécifiques (I) et des modalités de rédaction de ses décisions (II).

I. L'injonction, pouvoir de contraindre du juge administratif

La loi du 8 février 1995 a modifié en profondeur l'office du juge administratif, que cela soit de manière directe ou collatérale. Le rôle

---

[12] C. Charles, « Dix ans après : à quoi a servi la loi du 8 février 1995 ? », *D.A.*, 2005, n° 4, ét. 7, pp. 10 et s. ; Y. Gaudemet, « Réflexions sur l'injonction dans le contentieux administratif » in *Le pouvoir : mélanges offerts à Georges Burdeau*, LGDJ, 1977, pp. 805 et s. ; C. Maugüe, « Les injonctions pour exécution de chose jugée », *Juger l'administration, administrer la justice : mélanges en l'honneur de Daniel Labetoulle*, Dalloz, 2007, pp. 591 et s. ; F. Moderne, « Etrangère au pouvoir du juge, l'injonction, pourquoi le serait-elle ? », *R.F.D.A.*, 1990, pp. 798 et s. ; F. Moderne, « Sur le nouveau pouvoir d'injonction du juge administratif », *R.F.D.A.*, 1996, pp. 43 et s.

[13] V. Donier, « Style et structure des décisions du Conseil d'Etat : Vers une évolution culturelle ? », in F. Hourquebie et M.-C. Ponthoreau (dir.), *La motivation des décisions des cours suprêmes et constitutionnelles*, Bruylant, 2012, pp. 197 et s. ; M.-C. Ponthoreau, « Réflexions sur la motivation des décisions juridictionnelles en droit administratif français », *R.D.P.*, 1994, pp. 747 et s. ; D.Ribes, « La motivation des décisions du Conseil d'Etat », in F. Hourquebie, M.-C. Ponthoreau, (dir.), *La motivation des décisions des cours suprêmes et constitutionnelles*, Bruylant, 2012, pp. 183 et s.

[14] O. Le Bot, « Rédaction des jugements et lisibilité des décisions du juge administratif », in M. Paillet (dir.), *Modernisation de la juridiction administrative et qualité de la justice administrative*, Larcier, 2010, p. 290.

fondamental joué par l'article 62 de loi sur l'exécution des décisions du juge administratif a été largement rappelé à l'occasion des vingt ans de l'entrée en vigueur de la loi[15]. Cette loi marque une étape importante dans l'exécution des décisions du juge administratif, car si elle s'inscrivait dans une certaine continuité et ne partait pas du néant[16], elle a permis un saut qualitatif important de l'office du juge administratif, l'injonction remplissant « un rôle majeur dans la pratique quotidienne de la juridiction administrative »[17]. Il est d'ailleurs intéressant d'observer comment un tel changement a pu se déployer de manière naturelle, amenant la Présidente Bonmati à constater que la question de l'injonction « s'était sobrement résolue d'elle-même, le juge ayant investi d'emblée, complètement et avec le discernement qui sied, cette nouvelle possibilité que lui donnait la loi »[18]. Ainsi, le juge administratif a étendu son action dans l'exécution bien au-delà du cadre de la loi.

Car le juge administratif français est parti de loin, il lui a même été reproché de « méconnaître la nature des choses »[19]. Si l'exécution des décisions du juge par l'administration paraît naturelle dans un État de

---

[15] V. notamment, *Le pouvoir d'injonction du juge administratif et l'exécution des décisions de la justice administrative*, colloque organisé le 5 septembre 2014 à Montpellier dans le cadre de la Conférence nationale des présidents des juridictions administratives et *Le pouvoir d'injonction du juge administratif, la loi du 8 février 1995, vingt ans après*, colloque organisé le 6 février 2015 par le Centre de recherche juridique Pothier de l'Université d'Orléans dont les actes ont été publiés dans les numéros 3 et 4 de la *R.F.D.A.* en 2015.

[16] F. Blanco, « L'injonction avant l'injonction ? L'histoire des techniques juridictionnelles apparentées à l'injonction », *R.F.D.A.*, 2015, pp. 444 et s.

[17] G. Bardou, « Pouvoir d'injonction et exécution des décisions de justice », *R.F.D.A.*, 2015, p. 452.

[18] D. Bonmati, « L'office d'injonction », in*Le pouvoir d'injonction du juge administratif et l'exécution des décisions de la justice administrative*, colloque organisé le 5 septembre 2014 à Montpellier, en ligne à l'adresse http://montpellier.tribunal-administratif.fr/content/download/34842/300162/version/1/file/conferencepresidents_dominiquebonmati.pdf, p. 1 (dernière consultation le 1er novembre 2015).

[19] J. Rivero, « Le Huron au Palais-Royal ou réflexions naïves sur le recours pour excès de pouvoir », *D.*, 1962, chr. n° 39, p. 7.

droit[20], l'administration peut faire preuve d'inertie voire d'atonie dans la réception et la mise en œuvre de ses condamnations[21].

En principe, le juge administratif refusait d'adresser des injonctions à l'administration, car cela aurait constitué une ingérence dans le fonctionnement de l'administration et aurait fait de lui un administrateur[22]. Cette prohibition d'enjoindre a eu pour conséquence de conduire le juge administratif à contourner cette interdiction de principe. En effet, le juge administratif pouvait déjà prononcer des injonctions avant l'adoption de la loi de 1995, par exemple dans le cadre du référé précontractuel issu de la loi n° 92-10 du 4 janvier 1992.

Cette retenue du juge administratif, largement critiquée[23], l'a détourné des conséquences de ses décisions[24], entraînant de nombreuses complications néfastes pour les requérants. Rappelons toutefois que le principe de la prohibition des injonctions par le juge administratif demeure la règle en l'absence d'habilitation législative[25]. En outre, le juge administratif ne peut prononcer des injonctions que de manière accessoire et lorsque les mesures ordonnées sont strictement nécessaires au respect de la chose jugée.

Le juge administratif ne recourt qu'avec mesure à l'injonction. Elle doit être demandée par le requérant et seul le juge peut en apprécier l'opportunité. Si le juge administratif estime qu'elle est nécessaire, il

[20] R. Carré de Malberg, *Contribution à la théorie générale de l'Etat*, Dalloz, rééd. des éd. de 1920 et 1922, t. I, p. 725, « Si les administrateurs ontle devoir de seconformer aux décisions des tribunaux administratifs, [...] c'est parce que, dans le système del'unité de l'État, tout acte fait par une autorité opérant dans le cadre de sa compétencerégulière doit normalement valoir au regard des autres autorités étatiques […] comme une manifestation de l'activitéde la personne État une et indivisible ».

[21]La décision CE, 23 juill. 1909, *Commune de Cotignac* est fréquemment évoquée comme exemple historique et révélateur de telles pratiques puisque la commune avait repris dix fois un arrêté de révocation d'un garde-champêtre jugé illégal.

[22]*Id.*

[23] F. Moderne, « Etrangère au pouvoir du juge, l'injonction, pourquoi le serait-elle ? », *R.F.D.A.*, 1990, pp. 798 et s.

[24] C. Broyelle, « Introduction », *R.F.D.A.*, 2015, p. 441.

[25] V. par ex., CE, 27 juill. 2009, *Giard* : « Considérant qu'en principe, en l'absence de tout texte, il n'appartient pas aux juridictions administratives d'adresse des injonctions à une autorité administrative ».

peut prendre une décision dans ce sens. Dans cette hypothèse, deux cas de figure doivent être distingués. Si l'administration possède un pouvoir discrétionnaire dans la matière qui a fait l'objet du jugement, alors le juge se limite à enjoindre l'administration à statuer à nouveau sur la situation objet du litige[26]. Par contre, si l'administration est liée par un texte dans l'exercice de ses pouvoirs, alors le juge administratif peut l'enjoindre à rendre sa décision dans un sens déterminé[27] sur le fondement de l'article L. 911-1 du Code de justice administrative[28]. Il faut savoir également que le juge administratif peut également être saisi *a posteriori* d'une demande d'éclaircissement relative aux modalités d'exécution de la décision[29].

Avec l'adoption de cette loi, codifiée dans le livre 9 du Code de justice administrative, le juge administratif, saisi de conclusions en ce sens, s'est vu reconnaître la possibilité de prescrire formellement à l'administration les obligations qui découlent de sa décision au moment du prononcé de cette dernière. Si le juge administratif

---

[26] Art. L. 911-2 du CJA : « Lorsque sa décision implique nécessairement qu'une personne morale de droit public ou un organisme de droit privé chargé de la gestion d'un service public prenne à nouveau une décision après une nouvelle instruction, la juridiction, saisie de conclusions en ce sens, prescrit, par la même décision juridictionnelle, que cette nouvelle décision doit intervenir dans un délai déterminé ».

[27] V. par ex., peu après l'entrée en vigueur de la loi : CE, 1996, *Association lyonnaise de protection des locataires* : « Considérant qu'aux termes de l'article 6-1 introduit dans la loi du 16 juillet 1980 par la loi du 8 février 1995 : "Lorsqu'il règle un litige au fond par une décision qui implique nécessairement une mesure d'exécution dans un sens déterminé, le Conseil d'Etat, saisi de conclusions en ce sens, prescrit cette mesure et peut assortir sa décision d'une astreinte à compter d'une date qu'il détermine" ; que l'annulation de la décision du Premier ministre refusant de prendre les mesures réglementaires indispensables à l'application de la loi implique nécessairement l'édiction de telles mesures ; qu'il y a lieu pour le Conseil d'Etat d'ordonner cette édiction dans un délai d'un an ; que, dans les circonstances de l'espèce, il n'y a pas lieu de faire droit aux conclusions de la requête tendant à ce que cette injonction soit assortie d'une astreinte ».

[28] Art. L. 911-1 du CJA : « Lorsque sa décision implique nécessairement qu'une personne morale de droit public ou un organisme de droit privé chargé de la gestion d'un service public prenne une mesure d'exécution dans un sens déterminé, la juridiction, saisie de conclusions en ce sens, prescrit, par la même décision, cette mesure assortie, le cas échéant, d'un délai d'exécution ».

[29] Art. R. 921-1 et s. (pour les tribunaux administratifs et les cours administratives d'appel) et R. 931-1 et s. (pour le Conseil d'Etat) du CJA.

s'autorisait déjà à recourir à de telles pratiques en dehors de ce cadre législatif, une telle réforme n'a pu que l'encourager dans la voie de la prescription et de la précision entraînant un réel changement dans la conscience de sa mission.

Ainsi, même en dehors de l'application de la loi de 1995, le juge administratif impose à l'administration un comportement à suivre lorsque les dispositions de sa décision constituent le soutien nécessaire du dispositif[30].

Le juge administratif est également venu prononcer des injonctions dans le cadre de certaines procédures spécifiques telles que celle relative au droit au logement opposable[31] ou pour certaines procédures d'urgence[32] à l'image du référé suspension[33] ou du référé liberté[34]. Ainsi, la réforme du 30 juin 2000 s'est inscrite dans la continuité de la loi du 8 février 1995 pour permettre au juge administratif d'éclairer l'administration dans les modalités de mise en œuvre de la décision.

Comme le rappelle le professeur René Chapus, « le développement de la pratique de l'injonction d'exécution de la chose jugée a incité le Conseil d'État, sensible [...] au besoin général d'efficacité de l'intervention des juridictions, à reconnaître au juge un pouvoir d'injonction [...] à manifester que le juge administratif est ce qu'il doit être [...] un juge administrateur »[35]. Dans le cadre de l'extension de son pouvoir en matière d'exécution des décisions de justice, la loi de 1995 a rapproché les pouvoirs du juge administratif dans le cadre

---

[30] CE, 10 oct. 1997, *Wang*.

[31] Art. L. 411-2-3-1 du Code de la construction et de l'habitation.

[32] Pour une présentation complète des différentes injonctions dans le cadre de l'ensemble des procédures d'urgence, v. O. Le Bot, *Le guide des référés administratifs et des autres procédures d'urgence devant le juge administratif*, Dalloz, 2013.

[33] Dès lors que ces mesures sont « nécessaires pour que la suspension produise ses effets », v. CE, 27 juill. 2001, *Ministre de l'emploi et de la solidarité c. SARL « Le Grand Sud »*.

[34] L'article L. 521-2 du CJA dispose que le juge administratif peut, dans le cadre de cette procédure « ordonner toutes mesures nécessaires à la sauvegarde d'une liberté fondamentale ».

[35] R. Chapus, *Droit du contentieux administratif*, 13ème éd., Montchrestien, 2013, p. 1105.

du recours pour excès de pouvoir vers le recours de plein contentieux[36].

Le Conseil d'État a même pu intégrer dans le corps de sa décision les détails de l'exécution qu'il enjoignait à l'administration, comme il a pu le faire dans les décisions *Société à objet sportif « Toulouse Football Club »*[37], *Vassilikiotis*[38] ou *Titran*[39]. Ces affaires sont particulièrement symptomatiques du soin apporté par le juge administratif à l'explication de ses décisions[40].

Ainsi, dans sa décision *Vassilikiotis* du 29 juin 2001, le juge est venu expliciter à destination de l'administration les modalités d'exécution de sa décision de manière très précise[41]. Dans cette décision, il se reconnaît la possibilité de prescrire à l'administration les mesures qu'elle doit prendre alors même qu'il n'a pas été saisi de conclusions en ce sens, donnant une autorité accrue à l'autorité de chose jugée de sa décision. Il a ainsi détaillé les obligations pesant sur

---

[36] D. Truchet, « Office du juge et distinction des contentieux : renoncer aux "branches" », *R.F.D.A.*, 2015, pp. 657 et s.

[37] CE, 25 juin 2001, *Société à objet sportif "Toulouse Football Club".*

[38] CE, Ass., 29 juin 2001, *Vassilikiotis.*

[39] CE, 27 juill. 2001, *Titran.*

[40] F. Blanco, « Le Conseil d'Etat, juge pédagogue. A propos des arrêts Société à objet sportif "Toulouse Football Club" (CE, section, 25 juin 2001), Vassilikiotis (CE, assemblée, 29 juin 2001) et Titran (CE, 27 juillet 2001) », *R.R.J.*, 2003-2, pp. 1414 et s.

[41] La rédaction des considérants de principe est, dans cette décision, particulièrement explicite de par son caractère directif pour l'administration : « considérant d'une part, que *la présente décision a nécessairement pour conséquence queles autorités compétentes sont tenues de prendre*, dans un délai raisonnable, les mesures prévues [...] ; *qu'il leur incombe*, notamment, de prévoir un système d'équivalence ou de déterminer les conditions permettant [...], de s'assurer que les titres ou diplômes délivrés dans d'autres Etats membres présentent des garanties équivalentes à celles exigées par le droit national français ; Considérant, d'autre part, que, dans l'attente que cette réglementation complémentaire soit édictée, l'annulation prononcée par la présente décision *a nécessairement pour effet d'interdire aux autorités nationales* d'empêcher l'exercice, par un ressortissant communautaire, de la profession de guide dans les musées et monuments historiques au motif qu'il ne posséderait pas les titres et diplômes [...] ; *qu'il appartient aux autorités compétentes*, jusqu'à ce que l'arrêté du 15 avril 1999 ait été complété dans les conditions exposées ci-dessus, de délivrer aux ressortissants communautaires qui en font la demande, une carte professionnelle, *en décidant, au cas par cas, sous le contrôle du juge de l'excès de pouvoir* [...] » ; souligné par nous.

l'administration qui se retrouve tenue d'adopter les mesures réglementaires nécessaires à la mise en conformité avec le droit de l'Union européenne en les assortissant d'un dispositif transitoire, le tout dans un délai raisonnable. Sachant que dans cette décision, comme dans les décisions *Titran* et *Société à objet sportif « Toulouse Football Club »*, le Conseil d'État a pris soin de revêtir les motifs de la décision de l'autorité de la chose jugée, adressant ainsi des « injonctions prétoriennes »[42] à l'administration.

On retrouve dans ce type de rédaction le souci prégnant de garantir la sécurité juridique y compris lorsque l'autorité de la chose jugée n'est pas assortie aux dispositions détaillées de la décision. En effet, ces éléments d'explication permettent à l'administration d'appréhender de manière plus claire les comportements qu'elle devra mettre en œuvre lorsqu'elle sera de nouveau confrontée à des situations juridiques équivalentes.

La loi du 8 février 1995 a ainsi conduit le juge administratif à intégrer dans son office la réflexion relative à l'exécution de ses décisions, influençant de manière concomitante le soin apporté à la rédaction de ses décisions, condition de leur compréhension et par voie de conséquence, de leur exécution.

II. La motivation, pouvoir de convaincre du juge administratif

Si l'injonction constitue le principal « vecteur d'explication » des modalités de bonne exécution des décisions de justice à l'adresse de l'administration, il n'est pas le seul. En effet, la motivation de la décision si elle concerne essentiellement la justification de la solution retenue, doit également permettre à son destinataire les conséquences pratiques de la décision, notamment en ce qui concerne les mesures à prendre afin de s'y conformer. Dans cette perspective, la loi du 8 février 1995 a eu un rôle décisif dans l'évolution de l'office du juge

[42] C.Broyelle, « De l'injonction légale à l'injonction prétorienne : le retour du juge administrateur », *D.A.*, n° 3, 2004, pp. 8 et s.

administratif en étant « à l'origine d'une levée d'inhibition du prétoire du Palais Royal »[43].

La motivation de la décision de justice participe de manière éminente à sa bonne exécution, notamment au regard du pouvoir de persuasion qui est susceptible d'y être attaché et au rôle qu'elle joue pour la compréhension par les destinataires[44] de la solution retenue par le juge. La motivation peut être définie comme « la marque extérieure de l'opération intellectuelle à laquelle se livre le juge pour fonder en droit une décision »[45], ainsi elle se concrétise essentiellement dans l'exposé des motifs de droit ou de fait justifiant la solution retenue par la formation de jugement, mais elle peut dépasser ce cadre *via* sa mission pédagogique. La motivation contribue à la justification de la décision, mais peut également participer de son exécution et peut devenir « un instrument de régulation permettant au juge [...] de maîtriser les effets d'une décision rendue »[46].

La décision du juge administratif déploiera plus facilement ses effets si elle est bien comprise par ses destinataires. Si la mission du juge est de trancher un litige conformément aux normes en vigueur, ses fonctions sont multiples et la pédagogie en fait indéniablement partie[47]. En effet, la motivation sert à préciser la portée de la décision et si ses motifs ne bénéficient pas en principe de l'autorité de chose

---

[43] D. de Bechillon, « Le juge et son œuvre. Un an de fabrication du droit administratif dans la jurisprudence du Conseil d'Etat », in *L'architecture du droit :mélanges en l'honneur du Professeur Michel Troper*, Economica, 2006, p. 361.

[44] Cela tient évidemment du bon sens, les destinataires de la décision, l'administration en tête, ne peuvent correctement tenir compte et appliquer la solution que s'ils l'ont correctement comprise.

[45] G. Giudicelli-Delage, *La motivation des décisions de justice*, Th., Poitiers, 1979, t. 1, p. 136.

[46] V.Donier, « Style et structure des décisions du Conseil d'Etat : Vers une évolution culturelle ? », in F. Hourquebie et M.-C. Ponthoreau (dir.), *La motivation des décisions des cours suprêmes et constitutionnelles*, Bruylant, 2012, p. 199.

[47] À la suite du décret de 1953 portant réforme du contentieux administratif, le Doyen Rivero, dans une chronique au Dalloz évoquait justement « la fonction pédagogique du juge » (« Le Conseil d'Etat, cour régulatrice », *D.*, 1954, chr. n° 28, p. 158).

jugée, il en va différemment de ceux qui constituent « le support nécessaire »[48] du dispositif du jugement.

Il appartient donc au juge de faire preuve de pédagogie dans la rédaction de ses décisions. Cette dimension de l'office, sans renvoyer directement à l'idée d'éducation induite en principe par la pédagogie, marque la volonté du juge d'être compris, tant par les destinataires de la décision que les citoyens en général.

Dans un même courant, le juge administratif a pu venir modifier directement les effets de sa décision, notamment en modulant ses annulations contentieuses dans le temps comme il peut le faire depuis sa décision *Association AC ! et autres* du 11 mai 2004[49]. Ce pouvoir de modulation – que l'on retrouve également dans la décision *Société Tropic Travaux signalisation*[50] lorsque le Conseil d'État est venu décaler dans le temps la mise en œuvre d'une nouvelle règle jurisprudentielle – participe également à l'intervention du juge dans l'exécution de ses décisions puisqu'il permet à l'administration de prendre en compte la solution afin de mettre sa réglementation en conformité avec la solution retenue. Dans ces décisions, le juge administratif fait preuve de souci pédagogique en expliquant les modalités de son nouveau pouvoir de modulation issu de l'impératif de sécurité juridique. Ainsi, l'évolution de la motivation des décisions du juge administratif constitue le soutien de l'évolution de son office à laquelle il a dû s'adapter et qu'il a dû expliquer.

Dans la décision *Commune d'Aix-en-Provence* du 6 avril 2007[51], le Conseil d'État a établi une sorte de notice de présentation de la jurisprudence administrative pertinente en matière de gestion des services publics par les collectivités territoriales. Dans une décision *Cavallo* du 31 décembre 2008[52], le Conseil d'État est venu préciser les obligations de l'administration en cas d'irrégularité ainsi que la nature d'acte créateur de droit du contrat de fonction publique.

---

[48] CE, 18 mars 1983, *SCI Résidence du Parc*.
[49] CE, Ass., 11 mai 2004, *Association AC ! et autres*.
[50] CE, Ass., 16 juill. 2007, *Société tropic Travaux signalisation*.
[51] CE, 6 avril 2007, *Commune d'Aix-en-Provence*.
[52] CE, 31 déc. 2008, *Cavallo*.

Le juge administratif voit également ses pouvoirs élargis dans le cadre d'une extension de sa marge de manœuvre décisionnelle. Là où dans le cadre de certains contentieux, il était amené de manière systématique à prononcer la nullité d'une convention en cas de vices constatés dans la procédure de passation, il peut dorénavant moduler sa décision.

C'est notamment le cas sous l'empire de la décision *Commune de Béziers*[53]en matière contractuelle ou, depuis la décision *Campenon Bernard*[54], dans le cadre de son appréciation de la faute intentionnelle. Dans ces décisions, comme dans l'affaire *Société Tropic Travauxsignalisation*, le juge administratif est venu considérablement modifier son office, que cela soit en tant que juge du contrat ou juge de sa validité. Le juge administratif a été amené à faire preuve du même souci didactique dans le cadre des procédures de référés issus de la réforme du 30 juin 2000 en exposant les principes applicables et en précisant l'interprétation des textes nouvellement entrés en vigueur.

La compréhension des décisions du juge administratif n'a jamais réellement semblé être la priorité de ce dernier, même si le constat de cette difficulté n'est pas récent[55]. En effet, la motivation sibylline des décisions du juge administratif, son respect de l'*imperiabrevitas*, et son souci de l'économie de moyens donnent l'impression d'une « vision cybernétique de la justice »[56]. Ainsi perçu, le rôle de la motivation ne réside pas pour le juge administratif dans la justification de sa décision, mais dans son éclaircissement et son explication[57]. Toutefois, le juge administratif peut dépasser ce cadre traditionnel et,

---

[53]CE, 28 déc. 2009, *Commune de Béziers.*

[54]CE, 19 déc. 2007, *Société Campenon Bernard.*

[55] A. De Laubadère, « Le Conseil d'Etat et l'incommunicabilité », *E.D.C.E.*, 1979-1980, pp. 17 et s. ; B.Ducamin, « Les styles des décisions du Conseil d'Etat : les réactions d'un public cultivé », *E.D.C.E.*, 1985, pp. 129 et s.

[56] F. Rolin, « La qualité des décisions du Conseil d'Etat », in P.Mbongo (dir.), *La qualité des décisions de justice*, Actes du colloque tenu à Poitiers les 8 et 9 mars 2007, Editions du Conseil de l'Europe, 2007, pp. 159-160.

[57] D.Bottehi, « L'ambition pédagogique du juge administratif », in P. Raimbault (dir.), *La pédagogie au service du droit*, Toulouse, P.U.T., 2011, vol. 10, p. 154.

via la motivation, exposer un « mode d'emploi »[58] pour l'exécution de la chose jugée. Ce mode d'emploi ne pourra être que bénéfique pour l'administration lorsqu'elle est destinataire de la décision, car si elle peut avoir une attente, c'est que la décision soit claire et détaillée. Ainsi apparaît un décentrage du juge administratif d'un souci de lutte contre la mauvaise exécution par l'administration vers un souci pédagogique dans l'explication prophylactique des effets de sa décision.

Si le souci de pédagogie et d'une rédaction plus prolixe ne constitue pas une nouveauté pour le juge administratif, à l'image de la formulation de la célèbre décision *Rodière*[59], il est possible d'observer aujourd'hui une tendance à des compositions plus détaillées. Cette évolution se concrétise également dans l'utilisation des *obiter dicta* dans la jurisprudence administrative qui est venue renforcer le pouvoir d'interprétation du juge et qui constitue un révélateur de l'évolution de son office à travers la possibilité qui lui est offerte de mêler son pouvoir jurisprudentiel à son pouvoir juridictionnel[60]. Cette prise de conscience du juge s'inscrit peut-être dans une volonté d'extension de son contrôle sur l'activité administrative[61]. Il n'est toutefois pas possible de constater une généralisation de ce type de rédactions même si une certaine tendance à davantage de prolixité rédactionnelle peut être observée.

Si les décisions de ce type, dans lesquelles le Conseil d'État opère un revirement de jurisprudence, crée un droit nouveau ou décide de « faire système », peuvent être régulièrement identifiées, leur nombre peut sembler relativement faible au regard des quelque dix mille décisions rendues annuellement par le Conseil d'État. Néanmoins, il est possible d'observer une tendance à l'amélioration de la qualité générale de la rédaction des décisions du juge administratif[62].

---

[58] M. Degueurgue, « Les *obiter dicta* dans la jurisprudence du Conseil d'Etat », in P. Raimbault (dir.), *La pédagogie au service du droit*, Toulouse, P.U.T., 2011, vol. 10, p. 235.
[59] CE, 26 déc. 1925, *Rodière*, Rec.Leb. p. 1065.
[60] M.Deguergue, *op. cit.*, p. 231.
[61] V.Donier, *op. cit*, p. 201.
[62] O. Le Bot, *op. cit*, p. 283.

Néanmoins, un tel style rédactionnel ne constitue pas nécessairement la garantie d'un meilleur rendu de la justice et il suffit pour s'en convaincre de se remémorer les mots de Maurice Hauriou dans sa note relative à la décision *Dame Dol et Laurent*[63] dans laquelle il affirmait que « L'imperatoria*brevitas* des arrêts d'autrefois était sage, en ce qu'elle évitait d'exprimer trop vite, en des concepts trop précis, l'inconnu des problèmes juridiques nouveaux, et en ce qu'elle laissait à la doctrine le soin de dégager les principes, se gardant ainsi même de l'apparence des arrêts de règlements »[64]. Si la rigueur de la rédaction des décisions du juge administratif réside tant dans son formalisme que dans sa brièveté, cette rigueur peut être conservée tout en se conciliant avec une motivation plus détaillée[65]. De ce point de vue, les décisions précédemment évoquées sont particulièrement représentatives et se caractérisent par une rédaction plus soignée et davantage détaillée.

Toutefois, si la qualité de la motivation des décisions des juges administratifs français laisse encore à désirer, des progrès significatifs ont été accomplis. Il est en effet possible d'observer un allongement des décisions, particulièrement pour les décisions considérées par la juridiction comme importantes, qu'il s'agisse de revirements de jurisprudence ou de décisions « doctrinales » destinées à un auditoire déterminé. De ce point de vue, l'évolution de la motivation, qui a fait l'objet de réflexions de la part du Conseil d'État, notamment à travers le rapport Martin[66], est la probable conséquence de l'évolution de l'auditoire[67] auquel s'adresse le juge administratif. En effet, aujourd'hui, le juge administratif et le Conseil d'État plus

[63] CE, 28 fév. 1919, *Dame Dol et Laurent*.

[64] Pour une illustration plus récente de cette inquiétude, voir B. Plessix, « Chronique droit administratif », *J.C.P. G.*, 20 juill. 2007, n° 25, p. 25 : « Il en va du magistère de la jurisprudence : plus on en dit, moins on est clair. Plus le juge bavarde, moins la doctrine l'écoute : l'abondance jurisprudentielle appauvrit la pensée car elle décourage l'interprète ou encourage l'exégète ; Byzance a fini par tuer Rome ».

[65] V.Donier, *op. cit.*, p. 198.

[66] V. à l'issue de plus d'une année de travaux, le groupe de travail sur la rédaction des décisions de la juridiction administrative présidé par Philippe Martin qui a rendu son rapport en 2012.

[67] D.Ribes, « La motivation des décisions du Conseil d'Etat », in F. Hourquebie et M.-C.Ponthoreau (dir.), *La motivation des décisions des cours suprêmes et constitutionnelles*, Bruylant, 2012, pp. 185 et s.

particulièrement, s'adressent à l'administration, mais également au requérant voire aux autres juridictions. C'est également en envisageant l'extension de son auditoire que le juge administratif a pensé l'évolution de la motivation de ses décisions.

Comme l'a rappelé Damien Botteghi, la pédagogie ne semble pas être « un nouvel impératif que le juge administratif s'impose »[68] et le juge administratif peut parfois plonger « l'individu lambda » dans une certaine perplexité[69]. Toutefois, il distingue la motivation de la pédagogie, la deuxième ne pouvant être considérée comme un devoir du juge sauf dans des cas particuliers : jurisprudence innovante, office spécifique, fixations de règles générales[70].

Dans ces hypothèses, le pouvoir de convaincre du juge administratif s'apparente à un réel pouvoir de contraindre et la motivation s'assimile à une injonction. Il ressort en effet de ce qui précède que la motivation permet au juge administratif d'accroitre le périmètre de son pouvoir d'injonction tel qu'il résulte de la loi du 8 février 1995.

C'est un fait, la lisibilité des décisions du juge administratif s'améliore et le Conseil d'État s'interroge largement sur les progrès restant encore à réaliser dans ce domaine[71]. Toutefois, certaines pistes restent encore à explorer et ont été appelées de leurs vœux par des praticiens ou des membres de la doctrine. Ainsi, a pu être proposée la levée de l'inhibition du juge administratif dans l'utilisation de son pouvoir d'injonction[72] ou l'abandon de l'économie de moyens qui, lorsque le juge ne vide pas le litige en ne retenant qu'un seul moyen pour prononcer une annulation, ne permet pas à l'administration, si

[68] D.Botteghi, « L'ambition pédagogique du juge administratif », in P. Raimbault (dir.), *La pédagogie au service du droit*, P.U.T., 2011, p. 158.
[69] O. Le Bot, *op. cit.*, p. 286.
[70] *Ibid.*, p. 159.
[71] V. à l'issue de plus d'une année de travaux, le groupe de travail sur la rédaction des décisions de la juridiction administrative présidé par Philippe Martin qui a rendu son rapport en 2012.
[72] B. Hachem, « Pour la fin de l'inhibition du pouvoir d'injonction du juge administratif », *A.J.D.A.*, 2014, pp. 197 et s. En l'espèce, l'auteur milite pour que le juge administratif s'autorise à enjoindreà l'administration de délivrer des autorisations d'urbanismes.

elle souhaite reprendre un acte identique, de le purger de tous les vices dont il était potentiellement entaché[73].

Ainsi, si l'effectivité des décisions du juge administratif contemporain peut encore être améliorée, il faut saluer les nombreux progrès réalisés ces vingt dernières années, que ce soit du fait de la loi de 1995 sur l'injonction, de la réforme des référés, ou de l'évolution du contentieux des contrats publics. De ce point de vue, la loi du 8 février 1995 a été fondamentale dans la recherche d'identité du juge administratif[74] et a constitué le point de départ de la prise en compte par le juge administratif de la nécessaire amélioration de l'exécution de ses décisions, *l'imperium* du juge administratif a rejoint sa*jurisdictio*. En effet, depuis cette date, « l'après-jugement forme l'horizon du juge, qu'il ait été saisi ou non d'une demande d'injonction »[75].

---

[73] O. Le Bot, *op. cit.*, p. 288. Voir également F. Dieu, « La règle de l'économie de moyens doit-elle paralyser le pouvoir d'injonction du juge administratif ? », *A.J.D.A.*, 2009, pp. 1082 et s.
[74]D.Bonmati, « L'office d'injonction »,*op. cit.*, p. 2.
[75] C.Broyelle, « Introduction », *R.F.D.A.*, 2015, p. 442.

La problématique de la réalisation des droits du citoyen en contentieux administratif

par *Maxime Lei,*
Doctorant contractuel à l'Université de Toulon (UTLN),
Centre d'Études et de Recherches sur les Contentieux (CERC)
EA n° 3164

> « Le juge administratif jouit, à juste titre, d'une telle réputation en France et hors de France qu'on voudrait le voir parfait. Ce serait oublier, évidemment, que la perfection absolue n'existe pas et que, comme toute institution humaine, la justice administrative française présente un certain nombre de faiblesses »[1].

Cette citation de Roland Drago nous rappelle à quel point l'homme laisse ses sentiments déteindre sur le regard qu'il porte sur une institution, une personne ou même une chose. À ce titre, le juge administratif représente une de ces institutions dont il y a eu continuellement besoin de démontrer l'intérêt et l'apport jusqu'à ce qu'il entre dans les mœurs et les mentalités. Une fois ce cap franchi – qui a pris un peu moins de deux siècles[2] – l'institution de la justice administrative avait gagné ses lettres de noblesse au sein de notre société. Aujourd'hui, son usage plus fréquent, sa démocratisation et la pérennisation voire l'élargissement de son champ sont liés à une certaine maturité institutionnelle. L'ensemble de ces évolutions lui a permis de gagner en prestige social et de se présenter – à juste titre ou non, telle est la question – comme l'un des protecteurs des droits et intérêts des citoyens.

De ce fait, le juge administratifest chargé non pas seulement de trancher les litiges relevant de sa compétence au moyen de l'édiction –

[1] R. Drago, « Préface », in *La fonction administrative contentieuse*, Th. de M. Gjidara, LGDJ, 1972, p. I.

[2] V. à ce propos la célèbre thèse de J. Chevallier, *L'élaboration historique du principe de séparation de la juridiction administrative et de l'administration active*, LGDJ, 1970.

voire l'érection – du droit, il est aussi naturellement appelé à réaliser celui-ci dans les relations entre les citoyens et la personne publique. L'action ainsi évoquée du juge administratif, celle de la réalisation des droits, nécessite avant même de continuer plus en avant notre réflexion, une précision sémantique. Sans celle-ci, nous risquerions de nous retrouver dans l'épais brouillard dans lequel sont emprisonnées de nombreuses notions juridiques.

L'idée de réalisation renvoie au réel qui revient en droit à ce qui est relatif aux choses et aux biens. « Réel » découle effectivement du latin classique *res*, c'est-à-dire la chose excluant ainsi les personnes[3]. Dans un usage plus courant inspiré de la philosophie classique, le réel opère un renvoi à ce qui est, à ce qui existe effectivement. L'idée du réel se rapproche alors du concret. En quelque sorte, réaliser un droit revient à le faire passer du domaine juridique au monde du réel et des faits. C'est en ce sens-là que devra s'entendre tout au long du cheminement de notre pensée le terme de la réalisation. En cela, on exclut d'ores et déjà l'idée kelsenienne qu'un droit se réalise par le biais de sa simple édiction par la décision de justice. Cette reconnaissance par le juge ne constituera que les prémisses de la réalisation qui appellera ensuite, au vu de la définition convenue, l'idée d'un bénéfice effectif. La réalisation appelle alors l'exercice concret et effectif d'un droit dans la vie quotidienne, au cœur même des relations sociales.

Par cette idée de réalisation du droit, le juge administratif devient enclin à la protection des droits ou des prérogatives personnelles des citoyens à l'encontre de l'administration par le biais du respect de l'ordonnancement juridique. En ces termes, nous pouvons constater l'existence d'un consensus social – pratiquement moral – autour du postulat suivant : le juge administratif par le biais de sa mission est une institution qui assure la protection – et donc la réalisation, nous le verrons plus tard – des droits du citoyen dans sa relation à l'administration.

Cette louange et cette hagiographie doctrinale en direction de l'action du juge administratif qui semble éteindre toute réflexion critique ne doivent pas empêcher de questionner son véritable rôle

[3] A. Rey, « réel », in *Dictionnaire historique de la langue française*, A. Rey (dir.), Le Robert, 2010, p. 1879.

dans cette fonction sociale essentielle. La doctrine, comme n'a cessé de l'affirmer Jean Rivero – ou d'autres auteurs quelque peu iconoclastes – n'a pas joué le rôle qui était le sien. Elle n'a plus joué le rôle d'une critique indépendante en mesure de catalyser et porter les évolutions susceptibles d'améliorer les modalités du contrôle juridictionnel. Sans cette réflexion fondamentale, notre institution juridictionnelle administrative se serait peu à peu enlisée jusqu'à se détacher lentement de cette fonction que notre société lui assigne.

En clair, si à l'image de la femme de César, le citoyen exige de l'administration qu'elle soit irréprochable[4], il serait bon que la doctrine en fasse de même avec la juridiction administrative. Car si trop souvent le français se satisfait de mythes[5] ; le rôle du juriste doit être celui d'un projecteur destiné à éclairer et révéler ces mythes au milieu de la pratique juridique, domaine propice au développement de telles croyances. À ce titre, nous permettons de penser avec le célèbre Huron[6] que la justice est faite pour le justiciable. Dès lors, l'illusion mentale d'une réalisation des droits du citoyen pour qui est « faite » la justice doit être confrontée aux faits, parfois dans toute leur brutalité.

Bien entendu, la confrontation de ce constat laudativement admis avec la réalité du travail du juge quotidien nous amènera à sortir de la brume dans laquelle notre propre formation nous a parfois conduits. Pour autant, notre réflexion n'a pas non plus vocation à révolutionner l'approche française en matière de système juridictionnel administratif. Nous avons à cet égard conscience que globalement celui-ci fonctionne même s'il faut se détacher de l'idée que sa simple bonne marche le rend satisfaisant. Mais ce n'est pas parce qu'une institution « tourne » que l'on ne doit pas réfléchir à son amélioration. Notre rôle ici s'apparentera à celui du sceptique qui souhaite marquer l'institution juridictionnelle administrative de l'empreinte du doute et de la réflexion dans le seul but de la renforcer.

Cet objectif de confronter l'imaginaire et la réalité sociale en matière de réalisation des droits du citoyen par le juge administratif ne

---

[4]D. Jean-Pierre, *La déontologie de l'administration*, P.U.F., 1999, p. 85.
[5]M. Gjidara, *op. cit.*, p. 9.
[6]J. Rivero, « Le Huron au Palais-Royalou réflexions naïves sur le recours pour excès de pouvoir », *D.*, 1962, chron. n° 39, p. 7.

doit pareillement pas occulter le fait que le juge n'est pas l'unique passeur entre les deux mondes[7]. Les droits qui sont reconnus aux citoyens dans leurs relations avec l'administration ne sont pas réalisés uniquement par la voie contentieuse du juge administratif. Penser que celui-ci est le seul élément de réalisation desdroits relève d'une vision pathologique du monde et des relations sociales. Si tout administrativiste connaît cette « névrose », il ne faut pas perdre de vue que la réalisation des droits du citoyen peut passer par d'autres canaux. Toute concrétisation ne résulte ni d'un juge et ni même d'un litige. L'administration elle-même peut assurer la concrétisation des droits du citoyen par son action, en dehors de tout contentieux. Dès lors, dans la grande majorité des cas, l'administration réalise les droits des citoyens en même temps que son action administrative. De même, dans lecas d'un litige ou d'un conflit, le juge n'est là aussi pas la seule institution détenant la capacité d'assurer le rôle du tiers, d'un intermédiaire entre les deux parties que sont le citoyen et la personne publique[8].

Notre étude – comme on pouvait le deviner – ne portera pas sur cet ensemble de modes de réalisation des droits des citoyens. Ciblée relativement à l'exécution des décisions de justice administrative[9], l'analyse portera essentiellement sur les relations – trop souvent présentées comme une relation de causes et de conséquences mécaniques – entre cette opération de l'exécution et celle de la réalisation des droits. D'ailleurs, dans un souci de continuer à cadrer notre intervention, nous partirons du postulat – largement vérifiable par ailleurs – que dans la majorité des cas, la décision juridictionnelle est respectée et exécutée par les parties, notamment publiques. Il n'est en aucun cas dans notre volonté d'affirmer ici haut et fort que les décisions du juge administratif ne se trouvent pas exécutées.

[7] Dans la théorie classique de H. Kelsen, le devoir-être et l'être, ou *Sollein* et *Sein*.
[8] Nous renvoyons sur ce point le lecteur aux interventions de Mme Charles et de MM. Strickler et Jourdaa dans cet ouvrage.
[9] On écarte ici le règlement des litiges administratifs qui ressortent de la compétence du juge judiciaire. Car si le principe est que cet ensemble de litiges ressort de la compétence du juge administratif, il n'en demeure pas moins que le juge de droit commun conserve une compétence résiduelle sur certains points précis. Loin de nous l'idée de dénigrer l'intérêt d'une telle étude, il s'agit ici d'explorer en profondeur un point précis du phénomène de réalisation des droits du citoyen.

L'exécution des décisions de justice est en cette matière désormais acceptée par l'institution administrative et les nouveaux pouvoirs reconnus au juge administratif contemporain ont largement participé à ce phénomène d'acceptation. En effet, si le conseiller d'État Daniel Chabanol, en référence à ses professeurs, estime que la juridiction eût souffert auparavant « d'un vice fondamental, à savoir que les juges administratifs n'avaient pas les moyens de faire exécuter leurs décisions »[10], il n'en est plus vraiment question aujourd'hui. Le Conseil d'État illustre cette prise en compte de l'exécution comme d'un phénomène intégré au processus juridictionnel en intégrant le temps de l'exécution des décisions de justice dans la durée globale du jugement. Eneffet, « la durée globale de jugement [...] est à prendre en compte jusqu'à l'exécution complète de ce jugement »[11].

À ce titre, les différents pouvoirs reconnus à la fin du vingtième siècle tels que la généralisation de l'injonction et de l'astreinte[12] ont incontestablement participé à ce changement. D'ailleurs, M. Chabanol lui-même affirmait que la réalité était toute autre puisque selon lui « même avant la réforme de 1995[13], il est inexact de dire qu'il y avait un problème d'exécution des décisions de la juridiction administrative »[14]. À cet égard, l'on constate à la lecture des rapports annuels d'activité du Conseil d'État que le nombre d'affaires dont a été saisie la section du rapport et des études pour difficultés d'exécution a toujours été faible vis-à-vis du nombre colossal d'affaires jugées par la juridiction administrative.

Dès lors que ce constat est affirmé et accepté, le sujet pouvait perdre de son intérêt. En effet, comment traiter d'une problématique

---

[10] D. Chabanol, « L'exécution en contentieux administratif : actualité », in *L'exécution, XXIIIème colloque des Instituts d'études judiciaires à l'Université Jean Moulin de Lyon*, L'Harmattan, 2001, p. 143.

[11] CE, 26 mai 2010, *Mafille*.

[12] Nous renvoyons ici pour l'importance de ces évolutions à la contribution précédente de M. Le Quinio.

[13] Loi n° 95-125 du 8 févr. 1995 relative à l'organisation des juridictions et à la procédure pénale, civile et administrative qui instaure, entres autres, la déconcentration du pouvoir d'astreinte auparavant réservé au Conseil d'Etat et la reconnaissance pour l'ensemble des juridictions administratives du pouvoir d'injonction à l'encontre de l'administration.

[14] D. Chabanol, *op. cit.*, p. 144.

de réalisation des droits des citoyens concernés par une décision de justice si ces dernières sont exécutées dans leur grande majorité ? Cette question n'est pertinente qu'à la condition d'opérer une confusion mentale entre les notions d'exécution d'une décision de justice et de réalisation des droits qui y sont consacrés. La poser revient à considérer non seulement que l'exécution ne peut en aucun cas déformer le contenu de la décision de justice, mais encore que celle-ci porte toujours en elle les germes de la réalisation. Penser ainsi peut être considéré comme une erreur ou du moins comme une manière de régler rapidement un problème bien trop complexe. Penser ainsi perpétue la tradition de notre construction administrative évoquée en ces termes par M. Gilli selon laquelle « le droit administratif français est riche de grands principes empreints d'une fausse clarté »[15].

Rapidement confrontés à cette problématique, nous avons alors souhaité reprendre le problème de la réalisation des droits des citoyens par l'exécution des décisions de justice à sa source, c'est-à-dire ce qui constitue la moelle épinière de l'exécution : le contenu de la décision de justice. Car l'inefficacité de la justice administrative est un véritable Lazare juridique[16], un serpent de mer qui ne cesse de ressurgir dès lors que l'ensemble des observateurs croit l'avoir définitivement noyé. Or, si la justice administrative reste frappée d'inefficacité alors même que ses décisions sont exécutées, cela peut laisser penser à l'existence de vices en amont de la chaîne du processus juridictionnel, donc à la décision du juge administratif ; des vices potentiellement capables de réduire considérablement – voire à néant – le phénomène de réalisation des droits des citoyens. Cela signifierait en fin de compte que les causes de l'inefficacité de la justice administrative ne seraient pas à rechercher dans ce qui a cours après l'intervention du juge, mais bien plutôt en son sein. Nous nous attacherons donc à comprendre comment l'organisation spécifique du contentieux administratif et de sa procédure est à même de peser sur la réalisation des droits du citoyen ; en quelque sorte, la méthode suivie

---

[15] J.-P. Gilli, « Le principe de continuité », in *La continuité des services publics*, J.-P. Gilli (dir.), P.U.F., 1973, p. 7.

[16] R. Latournerie, « Sur un Lazare juridique. Bulletin de santé de la notion de service public : agonie ? convalescence ? ou jouvence ? », *E.D.C.E.*, 1960, n° 14, p. 62.

sera celle de l'étiologie[17] afin de vérifier s'il existe ou non des infirmités congénitales au contentieux administratif – une sorte de tératogenèse – qui rendraient la réalisation des droits des citoyens problématique.

Depuis 1995, le contentieux administratif a connu une transformation conceptuelle fondamentale au point que certains en proposent une remise en cause de sa présentation et classification classique[18]. Dans ce nouveau cadre, les causes d'une éventuelle inefficacité des interventions du juge administratif ne peuvent plus se situer postérieurement à son intervention, mais présentement ou antérieurement à celle-ci.

C'est cette distinction entre les obstacles du temps présent et ceux antérieurs à la décision de justice qui assurera l'organisation de notre propos. À nos yeux, et c'est l'hypothèse que nous voudrions confronter à la réflexion, il y aurait deux vices propres à la décision du juge administratif de nature à constituer un écran entre son exécution et la réalisation des droits qui y sont édictés. La seule nature de la décision de justice semble chronologiquement constituer le premier des deux obstacles évoqués.Celle-ci constituerait un écueil à la réalisation, par l'exécution, des droits qui y sont contenus. En perpétuant la tradition historique du rôle des juridictions administratives, à savoir l'érection et la construction du droit spécifique à l'appareil administratif, le juge administratif s'est désintéressé de sa vocation à trancher les litiges soulevés devant lui. Il s'est finalement lui-même enfermé dans un rôle d'architecte du droit administratif (I). Cette même décision de justice est également le résultat d'un « enchaînement des actes et des formalités »[19] qui conduisent à la prise de décision, c'est-à-dire la procédure. Celle-ci laissela place à de nombreux privilèges administratifs qui affaiblissent la capacité de sa décision à se porter dans le réel. Parmi eux, le

---

[17] L'étiologie est la recherche et l'explication des causes selon A. Rey, « Etiologie », in *Dictionnaire historique de la langue française*, A. Rey (dir.), Le Robert, 2010, p. 792.

[18] Voir en ce sens la thèse de F. Melleray, *Essai sur la structure du contentieux administratif français*, LGDJ, 2001.

[19] J. Normand, « Procédure », in *Dictionnaire de la Justice*, L. Cadiet (dir.), P.U.F., 2004, p. 1053.

caractère non suspensif des recours contentieux peut être considéré comme étant à l'origine du système contentieux qui cantonne le juge administratif à la réparation des dommages réalisés (II).

I. Le juge administratif architecte

D'aucuns considèrent aujourd'hui que le juge administratif n'est pas une institution juridictionnelle intégrée à l'organisation de notre service public de la justice. Pourtant, la question du rôle qu'il joue quotidiennement fait partie de celles que l'habitude et une certaine présomption ont fini par abîmer. Or, la faculté naturelle du juge à tourner ses décisions vers la construction du système juridique est indéniable. Le juge assurerait plutôt un rôle de création du droit qui serait de nature à récuser la nature juridictionnelle de sa décision de justice. Il sacrifierait en quelque sorte sur l'autel de la construction de l'architecture du droit administratif sa fonction juridictionnelle (B). Le rôle ainsi joué dépasserait le simple enjeu du citoyen et la réalisation deses droits passerait au second plan, devenant incertaine. Cette situation particulière, dont il faut remonter aux causes pour la comprendre, découle d'une mentalité particulière du juge résultant de son rôle au sein de l'histoire institutionnelle nationale. La situation contemporaine plonge ses racines dans une forte tradition impliquant que ce serait l'histoire politique, institutionnelle et sociale qui aurait enfanté le juge administratif architecte (A).

A. L'enfantement historique du juge administratif architecte

L'acte fondateur de la justice administrative française est difficile à dater selon que l'on s'attache à un simple critère organique ou bien à la naissance du pouvoir indépendant de reddition de la justice. Il n'est pas nécessaire ici de rappeler qu'il faut distinguer la naissance des organes de la justice administrative – Conseil d'État en tête –de la naissance d'un réel pouvoir judiciaire administratif indépendant de l'administration active, apparu plus tardivement. L'on peut considérer – bien que cela soit contestable, mais là n'est pas notre propos – que l'existence d'une justice administrative complètement indépendante remonte à 1889. L'arrêt *Cadot*[20] achèverait une évolution jurisprudentielle entamée dès l'instauration de la justice déléguée pour aboutir à l'abandon de la théorie du ministre-juge ; théorie selon laquelle le chef administratif était juge de droit commun de l'activité administrative. Cette jurisprudence marque finalement l'arrêt de mort – sur le plan organique du moins – de la célèbre maxime d'Henrion de Pansey selon laquelle « juger l'administration, c'est encore administrer ».

Très rapidement cependant est apparue l'idée qu'un litige administratif – au regard des caractéristiques particulières liées à la présence de la personne publique – ne pouvait être régi par le régime commun de droit privé dédié aux relations entre particuliers. L'intérêt général présent en ces litiges ne peut tolérer la soumission au même régime que celui auquel sont soumis les intérêts privés des particuliers. Le droit administratif doit constituer depuis *Blanco*[21] un système propre, avec sa logique et ses solutions spécifiques[22]même si les emprunts à la matière civile, peu fréquents, peuvent exister.

Dès lors s'est posée la question de sa construction puisqu'il a fallu construire un ensemble de principes applicables à cette activité et qui constitueraient le cœur de la légalité. Cet ensemble logique et cohérent de normes, de règles, n'existait pas à l'apparition de la justice administrative. Il n'existait pas, comme c'était le cas pour le contentieux entre particuliers, de Code à proprement parler où l'ensemble des règles et principes applicables aux litiges était compilé. Le Code civil cher à Portalis ne connaissait aucun homologue sur le plan administratif et le juge se trouvait démuni de références en de nombreux domaines et litiges.

Face à cette lacune, le juge soucieux – et forcé – de ne pas verser dans le déni de justice n'a pu compter que sur sa seule créativité. Il a dû construire au fil des années et des litiges qui se présentaient à lui le droit administratif comme en atteste la vigueur d'une de ses constructions jurisprudentielles les plus célèbres, les principes

---

[20] CE, 13 décembre 1889, *Cadot*.

[21] TC, 8 fév. 1873, *Blanco*, Rec. Leb. P. 61, concl. David.

[22] Voir le commentaire de l'arrêt Blanco du Tribunal des conflits en date du 8 février 1873 dans M. Long, et al., *Les grands arrêts de la jurisprudence administrative*, 16ème éd., Dalloz, 2007, p. 1.

généraux du droit. Les références et exemples d'inventivité jurisprudentielle ne manquent pas. L'on peut citer sans être exhaustifs, le principe du respect des droits de la défense[23], la reconnaissance du principe de sécurité juridique[24] ou encore la théorie des circonstances exceptionnelles[25]. Bien d'autres constructions juridiques pourraient attester de la vigueur du rôle joué par le juge administratif dans l'édification du droit administratif.

Historiquement, son rôle s'est donc naturellement tourné vers la construction élaborée del'édifice juridique du droit administratif. Le juge a depuis exprimé une tendance naturelle à considérer le litige présenté à lui comme un moyen – une sorte de jeton dans une machine – à l'élaboration d'une théorie ou l'amélioration de son contrôle en certains domaines. La mission du juge est finalement devenue d'assurer la construction et le respect du droit administratif, son œuvre. Il n'est ainsi pas anodin que Roland Drago considère que « la réforme de 1872 avait seule permis au Conseil d'État d'être l'inspirateur d'un corps de doctrine »[26]. Le citoyen et son litige concret ne devenaient plus que le moyen de parfaire l'œuvre à laquelle s'est dévoué le juge administratif : la construction du droit administratif. Si au bout du compte, l'application et le respect de cette construction permettent au citoyen d'accéder à une certaine revalorisation et une protection de leurs droits, le juge n'en passe pas moins à côté de sa mission dite « naturelle » : trancher les litiges concrets qui s'offrent à lui. Il s'est ainsi détourné de son rôle le plus évident afin de jouer le rôle que les institutions politiques et administratives ont voulu le voir jouer.

La trop longue tradition – aujourd'hui heureusement révolue – de l'interdiction du pouvoir d'adresser des injonctions à l'administration s'inscrivait également dans cette vue d'un jugement platonique, peu attentif au litige soumis car trop concerné par l'érection d'un droit. Le juge s'arrêtait en quelque sorte au seuil des réalités puisqu'il prononçait ou plutôt construisait le droit et s'attachait – uniquement – à cette tâche. Le raisonnement reste d'actualité car, malgré l'existence

---

[23] CE, 5 mai 1944, *Dame Veuve Trompier-Gravier*.
[24] CE, 24 mars 2006, *Société KPMG*.
[25] CE, 28 févr. 1919, *Dames Dol et Laurent*.
[26]R. Drago, « La loi du 24 mai 1872 », *E.D.C.E.*, 1972, n° 25, p. 13.

de ce pouvoir d'injonction,celle-ci ne pourra être prononcée que si le citoyen la réclame : le juge est en quelque sorte « suspendu » à une éventuelle demande des parties en cause. Sans cette intervention expresse, le juge peut facilement rester cantonné à l'érection de son œuvre jurisprudentielle sans trop se préoccuper des conséquences de sa décision sur le litige en question. Le doyen Bonnard le notait déjà dans une autre époque à propos du recours en excès de pouvoir. Son propos reste néanmoins criant d'actualité et l'on peut, au moins sur le constat, l'étendre à la majorité du contentieux administratif : « L'annulation viserait non pas à donner satisfaction à un intérêt lésé, mais simplement à rétablir le droit objectif violé »[27].

Le droit administratif est donc un droit jurisprudentiel puisque constitué d'un système dont les lignes de force ont été dessinées par le juge lui-même. Ce dessin s'est parfois fait au prix de la mission naturelle du juge administratif, celle inhérente à tout juge, de trancher le litige qui lui est soumis en y apportant une solution concrète. Des raisons politiques, historiques, mais aussi d'opportunité[28] ont certes fondé ce choix, néanmoins la direction prise a généré un mal dont la juridiction administrative a encore peine à guérir. La mentalité[29] des juges administratifs, fruit de l'histoire collective des juridictions administratives, a conservé en grande partie le caractère doctrinal de sa jurisprudence. La décision est bien trop souvent encore tournée plus vers l'œuvre construite du droit administratif que vers le citoyen, de sorte que même lorsque celle-ci se trouve être exécutée, les droits du citoyen sont non pas ignorés, mais au moins secondaires. Le problème est d'autant plus important que « la confiance des justiciables en une juridiction ne s'attache point tellement aux constructions brillantes et

---

[27]R. Bonnard, *Le contrôle juridictionnel de l'administration*, Dalloz, 2005, p. 172.

[28] Le juge a pris la place du législateur parce que le législateur ne pouvait créer un droit administratif qui n'avait pas encore été pensé. Avant de créer un droit, encore faut-il que celui-ci ne soit pensé. Quand le législateur a créé le droit civil, il a pu le faire parce qu'il ne l'a pas créé *ex nihilo* : il a rassemblé un certain nombre de règles déjà existantes. Or, en la matière administrative, tout était à faire. Dès lors qu'il fallait penser le droit administratif, qui d'autre que l'institution censée l'appliquer pouvait le faire ?

[29] Nous l'entendrons par l'ensemble des manières habituelles de penser et de croire et des dispositions psychiques et morales caractéristiques d'une collectivité et communes à chacun de ses membres.

hardies qu'elle réalise, mais aux résultats concrets, tangibles, résultats de jugement journaliers et multiples »[30].

Au-delà de cette relation entre le juge et son public, le caractère doctrinal de la jurisprudence administrative pose d'autres problèmes relatifs à la nature de l'acte rendu. Le délaissement du litige et plus généralement de la mission du règlement des litiges peut, dans le cadre d'une réflexion plus théorique, laisser penser que le juge administratif sacrifie sa fonction juridictionnelle (B). En conséquence, là encore, la décision de justice, bien qu'exécutée, porterait en elle ce vice congénital qui rendrait problématique la réalisation des droits des citoyens.

B. Le sacrifice de la fonction juridictionnelle

La question de la détermination des caractéristiques constitutives de l'acte juridictionnel a occupé les esprits des plus grands juristes de toutes les générations confondues. Ainsi, Duguit, Hauriou, Waline[31], Jèze,[32] mais aussi Chapus[33], Chevallier[34] et Bandrac[35] ont apporté leur pierre à l'édifice de cette question classique. Conscients de l'ampleur des travaux précédemment menés et de la modestie qui doit être la nôtre devant ceux-ci, il ne sera question dans les lignes qui suivent que d'une relecture de ces théories classiques appliquées à la décision de justice administrative, telle que nous l'avons décrite précédemment.

---

[30] J.-A. Mazères, *Véhicules administratifs et responsabilité publique*, LGDJ, 1962, p. 461.

[31] M. Waline, « Du critère des actes juridictionnels », *R.D.P.*, 1933, p. 565.

[32] G. Jèze, « L'acte juridictionnel et la classification des recours contentieux », *R.D.P.*, 1909, p. 667.

[33] R. Chapus, « Qu'est-ce qu'une juridiction? La réponse de la jurisprudence administrative », in *Recueil d'études en hommage à Charles Eisenmann*, Cujas, 1975, p. 265.

[34] J. Chevallier, « Fonction contentieuse et fonction juridictionnelle », in *Mélanges en l'honneur du professeur Michel Stassinopoulos*, LGDJ, 1974, p. 275.

[35] M. Bandrac, « De l'acte juridictionnel et de ceux des actes du juge qui ne le sont pas », in *Le juge entre deux millénaires : mélanges offerts à Pierre Drai*, Dalloz, 2000, p. 171.

L'acte juridictionnel semble être une énigme puisque l'existence d'une adhésion large ou majoritaire des juristes semble être une chimère. La notion est assurément complexe parce qu'elle se définit par le biais d'un réseau d'ensemble de notions qui peuvent être aussi bien en son amont qu'en son aval : elle est une sorte de nœud de croisement d'un réseau très large de notions juridiques. Il est important de garder en tête que l'acte juridictionnel intéresse particulièrement les administrativistes. Leur intérêt pour cette notion s'explique car elle devrait permettre de fonder la distinction entre l'acte édicté par la juridiction administrative et celui de l'administration active. Elle assurerait la séparation mentale et matérielle entre l'administration et le juge administratif qui doiventêtre strictement indépendants l'un de l'autre en application de notre conception de la séparation des pouvoirs. Cet intérêt est encore accentué par le fait que le juge administratif, historiquement, fait corps avec l'administration de laquelle le détachement est pourtant une nécessité. La distinction des actes devient nécessaire dans le but de ne pas confondre les organes en questions afin que la séparation des autorités soit respectée dans l'État de droit que la France prétend constituer.

Comme toute notion de cet ordre et de cette importance dans le domaine juridique, il semble important d'apporter à celle-ci une clarification qui permettra d'extraire la substance même de l'acte juridictionnel par la suite. La méthode suivie nous amènera à opérer une clarification terminologique de l'acte et de la « fonction juridictionnelle » afin d'en extraire la « moelle » pour la comparer à ce que l'on a pu constater à propos de la décision de justice administrative.

Premièrement, il faut distinguer un jugement et un acte juridictionnel. À ce titre, il faut bien être clair : un jugement peut être un acte juridictionnel, mais la relation n'est pas obligatoire. Le jugement est un acte qui consiste à choisir une option parmi d'autres : c'est un acte d'autorité. S'il a pu apparaître avec une valeur juridique, la candeur de son sens doit simplement renvoyer au fait de porter une appréciation sur un point précis. Le jugement a recours au droit seulement si ce dernier est un élément nécessaire de son autorité. *A contrario*, l'acte juridictionnel ne peut lui se passer du droit comme outil, comme instrument. L'acte juridictionnel est, entre autres – cette définition n'est pas exhaustive – un jugement porté entre deux prétentions juridiques : c'est-à-dire un désaccord à propos d'une réclamation portée sur la violation d'un droit. Dénigrer la présence du droit en tant qu'outil et cœur de la prétention revient à basculer de l'acte juridictionnel au jugement. De plus, ignorer cette constituante juridique de l'acte juridictionnel amènerait sûrement à négliger la juridicité du droit administratif ce qui reviendrait à faire du juge un administrateur qui ne traiterait que d'intérêts. Ce serait quitter le domaine de l'acte juridictionnel pour basculer dans celui du jugement.

Deuxièmement, il est capital de distinguer la fonction juridictionnelle de la fonction contentieuse. En effet, le contenu de l'acte juridictionnel ne se définirait que par l'expression d'une fonction juridictionnelle, celle-là même qui doit être dissociée de la contentieuse. La première est une fonction construite qui ne relève pas de l'immanent : elle relève du formel tandis que l'acte s'inscrit dans le matériel. En ce sens, l'acte juridictionnel exprime la fonction juridictionnelle, il la fait exister en même temps qu'il la crée. L'éminent professeur Jacques Chevallier a établi la distinction entre les deux fonctions précitées, considérant que si elles étaient jumelles, ces deux fonctions ne se confondent pas. Dans le droit fil de sa pensée, « la fonction contentieuse se présente comme une fonction sociale homogène et spécifique, répondant à des besoins sociaux précis : l'existence d'un corps de règles juridiques visant à encadrer de façon cohérente l'ensemble des rapports sociaux suscite inévitablement des litiges et des contestations qu'il faut apaiser pour assurer la stabilité du système »[36]. En quelque sorte, la fonction contentieuse vise à vider l'abcès éventuellement provoqué par la réglementation des relations sociales grâce au système normatif. La fonction contentieuse est chargée d'assurer l'épuration des heurts et conflits sociaux. En cela, elle possède un champ plus large que la fonction juridictionnelle car elle peut emprunter le canal de la personne publique, de son action administrative ainsi que de la juridiction et de l'acte qu'elle rend. La juridiction n'épuise donc pas à elle seule la fonction contentieuse dans sa totalité.

[36]J. Chevallier, « Fonction contentieuse et fonction juridictionnelle », in *op. cit.*, p. 284.

Si l'on a tendance à confondre ces deux fonctions, c'est que la fonction juridictionnelle tend progressivement à englober l'ensemble de la contentieuse. Cette dernière connaît un phénomène rampant d'institutionnalisation par lequel le règlement des litiges produits par l'application du système normatif aux relations sociales devient juridictionnel. La fonction sociale contentieuse dégage désormais une préférence pour le canal juridictionnel et s'institutionnalise peu à peu. Une fois ces éléments dégagés, si l'on a pu débroussailler l'acte juridictionnel de quelques faux-amis terminologiques, nous n'en sommes pas pour autant parvenus à confronter précisément la décision de justice administrative avec la notion envisagée.

Avant d'entamer cette confrontation salutaire évoquons rapidement qu'il existe deux conceptions de ce qu'est ou non un acte juridictionnel. Il est permis de reprendre l'idée purement formelle de Carré De Malberg selon qui l'acte juridictionnel est un acte produit par une juridiction, c'est-à-dire selon une procédure donnée : « en droit, il n'existe pas au sens matériel, une fonction juridictionnelle distincte : il y a seulement des formes juridictionnelles, une voie juridictionnelle distincte des formes et des voies administratives »[37]. L'acte juridictionnel ne se distinguerait de l'acte administratif que par le fait qu'il ait été adopté au terme d'une procédure organisée par une juridiction. C'est également l'idée classique que développe notamment Roger Perrot[38]. Le problème d'une telle théorie est que l'on aboutit à une tautologie : définir une juridiction aboutit bien souvent à caractériser un acte juridictionnel. De plus, est-il nécessaire de rappeler qu'une juridiction ne rend pas nécessairement que des actes juridictionnels ? Monique Bandrac considère à titre d'exemple que « l'extension des compétences de l'organe investi du pouvoir de juger ne justifie pas que la qualification de juridictionnels soit attribuée à tous les actes qu'il accomplit »[39]. Les actes gracieux par exemple n'entrent même pas à l'intérieur de la sphère contentieuse et

---

[37]R. Carré de Malberg, *Contribution à la théorie générale de l'Etat : spécialement d'après les données fournies par le droit constitutionnel français*, Sirey, 1920-1922, T. 1, p. 704.

[38]H. Solus et R. Perrot, *Traité de droit judiciaire privé*, 1ère éd., Sirey, 1961.

[39]M. Bandrac, « De l'acte juridictionnel et de ceux des actes du juge qui ne le sont pas », in *Le juge entre deux millénaires : mélanges offerts à Pierre Drai*, Dalloz, 2000, p. 175.

donc encore moins à sa « sous-division » de l'acte juridictionnel : par nature, il n'y a pas de conflit et donc de litige à régler.

Ainsi, la définition formelle d'un acte juridictionnel selon laquelle ce dernier émanerait d'un organe respectueux d'une forme procédurale constituée d'éléments tels que l'impartialité, les droits de la défense ou encore l'indépendance ne peut être utilisée indépendamment de toute autre réflexion. Cette définition est imparfaite et ne remplit pas entièrement la fonction recherchée de désignation d'un acte juridictionnel. Il faut donc l'associer à une définition matérielle dérivée d'une conception plus moderne de la justice. Dans cette optique, on pourrait définir l'acte juridictionnel comme une démarche intellectuelle liée à la résolution d'une contestation par l'interrogation sur la violation alléguée d'une norme juridique ; comment ? En confrontant le monde de l'être au monde du devoir-être. Cette définition rapportée au schéma kelsenien de la *théorie pure du droit* revient à faire de l'acte juridictionnel un acte d'application d'une norme juridique à un cas d'espèce. C'est à partir de cette vision kelsenienne de la définition triviale résumée par l'existence d'une prétention juridique et d'une méthode particulière, l'application du droit au litige dans le but d'y apporter une réponse et d'aboutir à la conformité entre les prescriptions juridiques et la solution concrète provoquée, que nous assurerons la confrontation envisagée.

L'acte juridictionnel ne serait alors ni un acte souverain ni l'expression d'une volonté ou d'un choix pur. L'acte juridictionnel s'inscrirait plutôt dans une volonté de résolution d'un litige certes, mais d'une volonté soumise au droit. Cette volonté « contrainte » renverrait à une application quasi mécanique des prescriptions juridiques au litige à trancher. C'est là qu'il est possible d'affirmer que la décision de justice administrative peut se dissocier d'un acte juridictionnel à proprement parler. En grossissant le trait, la décision de justice administrative s'apparente plus à un acte souverain pratiquement hors de l'ordonnancement juridique. En tant que source de cet ordonnancement, la décision rendue par le juge se retrouve contenant et non contenu. Le magistrat administratif n'applique pas, il bâtit. En quelque sorte, il se chargera de créer un droit administratif dans l'optique d'une fonction sociale contentieuse plus large évoquée précédemment. Pourquoi alors l'acte du juge administratif s'écarte-t-il de cette nature juridictionnelle, c'est ce qu'il nous faut envisager, en esquissant une hypothèse.

La lente mais sûre dissociation des deux organes est pour beaucoup liée à la spécificité historique de la justice administrative : issue de la personne publique, elle a toujours cherché à s'en dissocier manifestement. De même, sa dualité fonctionnelle lui impose de prouver en permanence ce détachement. Les citoyens désireux – à juste titre – d'indépendance et d'impartialité le réclament en tout cas expressément. Afin de marquer fortement cette scission et pour se distinguer clairement des actes administratifs que le juge est censé contrôler, la justice administrative s'écarte de l'acte d'exécution hiérarchique et bascule dans un pouvoir souverain de création.

Éloignée de sa nature juridictionnelle, la décision de justice administrative ne vise plus la résolution d'une contestation que de manière secondaire. L'opération intellectuelle du magistrat s'attache beaucoup plus à marquer sa capacité souveraine de création d'un droit administratif. Il ne juge pas, ne tranche pas sur la base d'un droit mais « construit » le droit administratif. Partant delà, paradoxalement, son application revient plutôt à la personne publique administrative qui assurera du même coup la réalisation des droits des citoyens. Le juge créera et édictera les droits dans une mission quasi législative tandis que l'administration les appliquera dans son action quotidienne.

Pour autant, le juge administratif demeure bien une juridiction, c'est indéniable. Cela n'est pas contradictoire avec notre démonstration précédente puisqu'il est vrai que certains actes d'une juridiction ne sont pas juridictionnels en ne tranchant pas un litige entre deux prétentions, comme le cas des décisions gracieuses par exemple. Si la majorité doctrinale les considère comme juridictionnels, c'est parce qu'ils participent indirectement à la fonction contentieuse sociale qui tend à se confondre avec la fonction juridictionnelle. Ces actes permettant d'éviter l'apparition de litiges entrent dans la sphère contentieuse : ils refoulent le contentieux en l'attirant vers le juge qui les tranche avant que n'apparaissent les prétentions. Ce serait même à proprement parler anti juridictionnel puisqu'ils visent à l'éviter tout en restant à l'intérieur de la nébuleuse contentieuse. Cette situation exprime parfaitement l'idée d'une justice douce, mais en aucun cas l'existence d'un acte juridictionnel. L'opération du juge administratif peut se définir comme appartenant à cette mouvance : il édicte une norme qui limite les litiges car l'administration appliquera quotidiennement ce droit et réalisera, par la même occasion, les droits des citoyens. Ainsi, le juge ne réalise pas à proprement parler les droits des citoyens, il les crée et assure la mise en place d'un contexte favorable à leur réalisation par l'administration.

Il n'y a alors dans les décisions de justice administrative pas de véritables actes juridictionnels capables de trancher la contestation juridique soulevée ; la réalisation des droits des citoyens par leur exécution ne pourra aboutir. Seule la soumission de l'administration au droit édicté par la juridiction assurera cette réalisation. La décision de justice comporte alors en elle bien un vice propre à faire obstacle à cette réalisation, celui de sa nature même.

Quelles qu'en soient les raisons – mentalité,histoire, position du juge vis-à-vis de l'administration – la juridiction administrative ne remplit pas la fonction juridictionnelle qui devrait être la sienne : trancher les contestations et prétentions juridiques. Par-là, n'étant plus un acte juridictionnel véritable, la décision de justice administrative présente une faiblesse en vue de la réalisation des droits des citoyens. De toute façon, même si à l'avenir lesmagistrats se départissaient du caractère doctrinal et « législatif » de leurs interventions, il subsisterait dans le paradigme classique du droit et du contentieux administratif un autre vice majeur : ils connaissent une tendance assumée à réparer les dommages plutôt qu'à protéger les droits. Son intervention *a posteriori,* organisée par la procédure administrative contentieuse, s'inscrit dans cette logique. Elle résulte essentiellement d'une autolimitation qui trahit la logique administrative contentieuse. Nous tenterons alors de comprendre dans quelle mesure cette modalité emmène le juge vers la réparation (II) plutôt que vers la réalisation.

II. Le juge administratif réparateur

Le magistrat administratif, sorte de « police des polices » de l'administration voit son activité de protection être la victime de sa propre conception du contrôle de l'activité administrative. La confusion institutionnelle historique sous-jacente à notre métaphore a pesé sur la construction de la procédure administrative contentieuse, largement à l'avantage de l'administration. En ce sens, l'intervention *a posteriori* du juge administratif en est la plus grande marque. Non seulement ce principe du caractère non suspensif des recours constitue une véritable infidélité logique à la philosophie du recours contentieux en la matière administrative (A), mais surtout il emmène le juge administratif sur le dangereux chemin d'une protection des droits *in futurum*. Cette protection par une soumission future de l'administration au droit s'inscrit dans une philosophie pour le moins naïve. Tandis que le juge se préoccupe de la protection ultérieure des droits qu'il édicte, il n'assurera que la réparation – limitée – des droits du citoyen requérant. La décision de justice administrative ne sera alors qu'une opération de réparation, qui, bien qu'exécutée, ne pourra manifestement pas mener à la réalisation des droits visés. La croyance en la capacité de la décision juridictionnelle à réaliser l'ensemble des droits édictés ne résulte que d'une confusion entre les deux opérations précitées de réparation et de réalisation. Une telle confusion entre deux opérations jumelles, mais qui ne renvoient pas à la même opération intellectuelle peut s'analyser comme l'oubli d'un hiatus entre ces deux notions voisines qu'il est temps de se réapproprier (B).

A. L'infidélité logique au recours administratif contentieux

Remonter aux causes du mal qui rongerait la justice administrative ne peut se faire sans un examen de la procédure administrative contentieuse. En effet, la décision de justice administrative n'est que le produit de l'organisation de cette procédure. Ce terme, dérivé du latin *procedere*, évoque un mouvement vers l'avant, une progression vers un but déterminé. Elle se constitueselon Jacques Normand,du « processus selon lequel certaines décisions doivent être prises, certaines opérations doivent être conduites »[40]. La procédure juridictionnelle renvoie pour le juriste de manière plus spécifique aux règles et principes directeurs de cette marche en avant en direction de l'aboutissementqu'est la décision de justice. S'attacher à l'analyse deses vices impose *de facto* une analyse du processus par lequel le juge aboutit justement à la décision. Il devient essentiel de ne jamais oublier qu'au bout du compte, un juge ne peut jamais donner que ce qu'il peut : « le juge est lui-même tributaire du jeu des institutions et des imperfections du système juridictionnel »[41].

À ce propos, la procédure administrative contentieuse présente certains principes qui ne comptent ni hérétiques ni savants et dont la justification semble être tombée – à l'instar d'un brevet – dans la propriété collective. L'un des plus illustres en la matière est le caractère non suspensif des recours qui apporte son soutien à l'architecture mentale et matérielle du contentieux administratif. Ce dernier remonte au décret du 22 juillet 1806 qui disposait en son article 3 cette caractéristique à l'égard des recours déposés devant le Conseil d'État. Aujourd'hui, son contenu n'a guère changé, pour ne pas dire qu'il n'a que très peu subi d'évolutions. Il résulte du Code de justice administrative que : « Sauf dispositions législatives spéciales, les requêtes n'ont pas d'effet suspensif s'il n'en est autrement ordonné par la juridiction »[42]. Au-delà de cette seule édiction, le principe a vocation à régir l'ensemble des recours, contentieux et administratifs, ainsi que les voies de recours. La décision de la justice administrative dans son ensemble se trouve concernée par cet aspect procédural majeur.

En pratique, ce caractère particulier des recours confère une sorte de blanc-seing à la personne publique qui peut dérouler son action jusqu'à l'aboutissement de l'instance juridictionnelle. Le juge est de fait chargé de contrôler la régularité de l'action poursuivie, si ce n'est déjà réalisée, donc*a posteriori*. Le citoyen aura donc pu subir tout le temps de l'instance la violation de son droit s'il lui est au bout du compte reconnu. Si nous sommes bien conscients que ce principe est

---

[40] J. Normand, « Procédure », in *Dictionnaire de la Justice*, L. Cadiet (dir.), P.U.F., 2004, p. 1053.
[41] M. Gjidara, *op. cit.*, p. 425.
[42] Art. L4 du CJA.

mis en mouvement par des forces puissantes, nous ne nous attacherons pas ici à en comprendre le postulat ou les justifications. Dans une réflexion relative aux difficultés de réalisation des droits des citoyens en cas d'exécution de la décision juridictionnelle, seules les incidences pratiques de ce principe ont un enjeu. De ce point de vue, Alfred Fischer considérait en son temps que « certes, on ne sait a priori si c'est l'administration ou le requérant qui a raison, mais c'est toujours le requérant qui serait, s'il n'y avait pas d'effet suspensif ni de voies d'exécution, le plus désavantagé »[43].

Cependant, afin de bien analyser les effets du principe sur notre problématique, il nous faut confronter la construction théorique du système à la situation contentieuse afin de conclure, ou non, à l'existence d'une compatibilité. L'absence d'harmonie conceptuelle serait de nature à générer un défaut dans la décision de justice dès lors qu'elle ne répondrait pas aux « faits ». De cette omission découlerait une impossibilité de la décision de justice à répondre aux attentes des parties et notamment des citoyens en matière de réalisation de leurs droits. Or, nous constaterons que le principe controversé engendre une trahison de la philosophie du recours administratif contentieux. De cette trahison découleront les maux que nous constaterons un peu plus tard à propos de de la réalisation des droits des citoyens.

La démarche nous impose de comparer la situation factuelle à l'origine du contentieux administratif avec la philosophie propre au recours juridictionnel administratif. Afin d'être complet, nous avons volontairement étendu la comparaison à la situation qui prévaut en la matière civile. De la différence matérielle évidente qui existe entre les contentieux et la similitude du régime procédural de leurs recours contentieux – au moins de première instance – devrait pouvoir se dégager un certain nombre d'enseignements.

[43] A. Fischer, « Rapport allemand », in *Le pouvoir du juge de suspendre l'exécution des décisions administratives qui lui sont déférées et les moyens dont il dispose pour contraindre l'Administration d'exécuter les décisions juridictionnelles*, IVème colloque des juridictions suprêmes administratives des Etats membres des Communautés européennes à Berlin , p. 12, disponible en ligne : http://www.juradmin.eu/index.php/fr/colloques-fr?start=20.

Le doyen Bonnard[44] présente le contentieux et la contestation juridictionnelle comme l'expression d'une suspension naturelle. Le contentieux y serait le résultat de la suspension naturelle du droit subjectif du titulaire – logiquement le demandeur – par la simple résistance à l'exécution de sa prétention par son débiteur[45]. Le droit subjectif éventuel du demandeur serait suspendu sous l'effet de l'opposition du sujet passif de cette prétendue obligation juridique. Avant même le procès, il existerait une suspension naturelle par le blocage de l'exécution du droit subjectif auquel prétend le demandeur. Cette opération aurait comme vecteur la faculté des citoyens à s'opposer à l'exécution de son droit par le demandeur. Le recours au juge n'aurait que vocation à briser cette opposition au droit subjectif prétendu. Le schéma présenté est typique du contentieux civil, donc soulevé devant les juridictions judiciaires.

Cependant, le contentieux administratif ne présente pas les mêmes caractéristiques que celles de la matière civile. Le schéma théorique du recours proposé ne peut être considéré comme applicable en ces termes au contentieux de l'action administrative. S'il est possible de justifier par lui le caractère non suspensif des recours en contentieux judiciaire – de première instance –, le même raisonnement ne s'applique pas au contentieux administratif. La suspension naturelle que le juge devrait briser n'existe pas en ce domaine, c'est même tout l'inverse. L'idée de suspension naturelle est complètement étrangère à la philosophie, la construction et la conception du contentieux administratif. L'administration possède un pouvoir de contrainte lié au fait qu'elle dispose des pouvoirs publics et des prérogatives de puissance publique justifiées par les impératifs de service public. La suspension naturelle dont le citoyen dispose dans ses relations avec les particuliers ne peut exister dans sa relation à la personne publique. C'est donc lui, sujet passif de l'obligation liée à l'acte administratif, qui va paradoxalement se retrouver en position de demandeur pour faire cesser l'exécution de l'activité administrative qu'il juge illégale. Le système « aboutit en fait à réserver à l'administration le rôle de

---

[44]R. Bonnard, *Le contrôle juridictionnel de l'administration*, Dalloz, 2005.

[45] Il s'entend ici dans le sens juridique classique du terme, c'est-à-dire celui qui doit quelque chose, qui est le sujet passif d'une obligation et non pas au sens désormais courant utilisé spécifiquement à propos de celui qui doit de l'argent.

défendeur avec tous les avantages que comporte une telle situation »[46]. La situation est totalement inversée puisque l'administration impose son pouvoir à un particulier qui devra démontrer l'illégalité de l'acte administratif pour en faire cesser les effets. Le système s'oppose au modèle civil puisque le contentieux juridictionnel y précède la réalisation du droit subjectif. Avec l'administration, « son » droit subjectif précède le traitement du recours contentieux.

Cette différence d'ordre matériel apparaît logique si l'on considère qu'à « une séparation organique de compétences correspond toujours une distinction matérielle entre ces compétences »[47]. En retournant la proposition, sans l'existence d'une différence matérielle entre les deux contentieux, la différenciation formelle et organique n'aurait pas de sens : elle ne reposerait sur aucun fondement solide. Dans le droit fil de cette logique, étant donné que les juridictions sont distinctes sur le plan organique et sur le plan matériel, l'on devrait relever l'existence d'une différence formelle. Celle-ci se traduirait inévitablement sur le plan de l'organisation de la procédure contentieuse. Or, aussi perturbant que cela soit, si la situation organique ou matérielle des contentieux fait l'objet de différences, la forme procédurale du recours reste identique.

Pour les recours contentieux civils et administratifs, le caractère non suspensif s'applique indifféremment en première instance alors que la situation y est matériellement et organiquement différente. Il est clair que le droit ne se réalise pas de la même manière dans ces deux situations. Au cœur du contentieux civil, il peut s'expliquer parce que suspendre la suspension naturelle – l'opposition du sujet passif – reviendrait à exécuter le droit prétendu sans savoir s'il est valable. *A contrario*, au sein du contentieux administratif, la justification ne peut résulter que d'une volonté délibérée d'avantager l'administration en la dotant d'une volonté supérieure à celle des autres sujets. Le schéma revient à laisser l'administration perpétrer une action qu'elle prétend légale. La prétention de conformité au droit se transforme en l'affirmation d'un droit et, plus généralement, du droit.

---

[46] M. Tourdias, *Le sursis à exécution des décisions administratives*, LGDJ, 1957, p. 8.
[47]R. Bonnard, *op. cit.*, p.7.

Finalement, le recours juridictionnel répond dans son essence à une suspension de la validité de la force du droit invoqué par le requérant, celui qui émet la prétention. La contestation du défendeur – avant qu'il n'en soit précisément un – suspend naturellement l'autorité et la force de ce droit prétendu. Dans son fondement théorique, le recours juridictionnel ne peut donc être une suspensionpuisqu'il possède au contraire une vocation à briser celle établie par la résistance du sujet passif de l'obligation. Théoriquement, la contestation juridictionnelle n'estpas une volonté de suspension, mais une volonté de poursuitede la prétention qui forme le droit subjectif. En contentieux administratif, la situation est différente parce que le schéma contentieux est inversé. Celui qui invoque originellement la force du droit n'est pas celui qui va émettre la contestation: à l'origine, l'administration invoque le droit dans le but de créer une situation factuelle et de poursuivre une activité. Mais l'administration ne doit pas briser en justice la résistance du sujet passif de l'obligation prétendue. *A contrario*, le particulier devra recourir au juge dans le but d'anéantir la force d'exécution inhérente à l'administration. Le particulier va devoir réussir à briser cette force par le biais du droit et du juge. L'idée d'une suspension par l'action juridictionnelle serait donc parfaitement en adéquation avec cette configuration contentieuse. Le contentieux administratif dans sa nature même appelle cette suspension. Le recours juridictionnel devrait venir y remplacer la suspension naturelle existante en matière civile. La philosophie globale du contentieux administratif et l'existence d'une distinction matérielle et organique aspirent à l'existence de cette différenciation formelle.

Il n'en est rien et c'est même tout le contraire : force est de constater la trahison théorique du contentieux administratif par l'organisation de son recours. De ce décalage entre les faits et leur traduction procédurale ne pourra que naître un obstacle à ce que les droits de la décision de justice, aboutissement de cette procédure, parviennent à se réaliser effectivement. C'est bel et bien le cas lorsqu'on analyse que, prisonnier de cette situation, le juge ne pourra que réparer les dommages subis par le requérant. Or, l'opération de réparation ne peut en aucune manière entraîner la sauvegarde des droits qui serait, elle, à même d'entraîner protection et réalisation des droits. Cette conviction erronée en ce que la réparation des dommages assure la réalisation des droits traduit l'existence d'une distinction entre ces deux notions qu'il est impératif de réaffirmer (B).

B. L'impérative disjonction entre réparation et réalisation

L'intervention du juge est postérieure, c'est un fait et – au moins dans le cadre de cette démonstration – il faut l'accepter. Pour autant, elle est tout de même censée réaliser les droits du citoyen dès son exécution, puisqu'en tant que juge, sa mission naturelle l'engage à trancher le litige par l'application du droit qui doit se concrétiser. À première vue, étant donné le constat réalisé précédemment, il semble difficile – voire impossible – de réaliser les droits des citoyens alors que le fait administratif aura été accompli. Intervient alors afin de combler cette erreur logique, l'une des plus grandes fictions juridiques du droit administratif français[48] : la rétroactivité de l'annulation. Pour faire court, l'acte administratif annulé sera censé n'avoir jamais existé. Le caractère fictionnel d'une telle proposition est manifeste : un acte intégré à l'ordonnancement et qui s'est réalisé ne doit jamais avoir existé. Vont en ce sens les propos de Raymond Odent :

> « La règle d'après laquelle un acte annulé est censé n'avoir jamais existé présente le caractère contradictoire d'être à la fois une nécessité et une fiction. C'est un idéal nécessaire pour tracer à l'administration et au juge leurs directives. Mais c'est une pure fiction, car il n'appartient à aucune puissance humaine d'empêcher que ce qui a existé ait existé et d'effacer les inévitables effets qu'ont produits des actes annulés pendant toute la durée précédant leur annulation »[49].

Une fois passée la – trop – célèbre fiction juridique de la rétroactivité de l'annulation contentieuse, la question devient autant naturelle que pressante. Si l'argument qui permettait de croire à une réalisation des droits des citoyens ne relève finalement que de la croyance et de l'artifice, comment penser l'intervention du juge administratif dans le royaume du fait ? Notons avant toute chose, que le recours en excès de pouvoir est plus particulièrement concerné que

---

[48] L'expression est empruntée à D. Costa, *Les fictions juridiques en droit administratif français*, LGDJ, 2000.
[49] R. Odent, « Conclusions sur CE, 27 mai 1949, Véron-Reville », *Gaz. Pal.*, 1949, n° 2, p. 34.

le recours de plein contentieux lui bien plus souvent destiné à une réclamation pécuniaire de la part du citoyen à l'encontre de la personne publique. Le recours en excès de pouvoir, généralement présenté comme le procès porté contre un acte administratif vise à ce titre uniquement l'annulation de cet acte. Et les droits dont le citoyen poursuit la réalisation sont « dissimulés » derrière cette annulation recherchée. Il est très rare[50] qu'un citoyen entame un contentieux animé par la seule volonté du respect du droit et de l'ordonnancement juridique. L'annulation contentieuse n'est que le premier élément d'une chaîne qui devra mener à la réalisation des droits du citoyen. La décision, d'ailleurs, n'a qu'une fin, sa traduction dans la réalité et la transformation du monde dans le sens choisi.

Or, en agissant *a posteriori* de l'accomplissement de son acte par l'administration, le juge administratif, en respectant ce principe fondamental de notre organisation juridictionnelle se prive par la même occasion d'un élément essentiel de protection des droits. Philosophiquement, l'intervention à rebours du juge administratif assure le développement de l'expression d'une réparation des droits qui ne peut coller avec l'idée d'une réalisation. Ou plutôt, l'action de réparation des violations subies par les citoyens ne pourra assurer que la réalisation d'un droit à la réparation. En aucun cas, les autres droits atteints le temps de l'instance ne trouveront une réalisation à moins que l'on considère que leur monnayage participe à celle-ci. Or, nous allons tenter de démontrer que la transformation du juge en une sorte de caisse d'indemnisation des dommages participera seulement à une opération de réparation qui ne peut entraîner la réalisation des droits. L'absence criante de leur protection, de leur sauvegarde en ces cas particuliers nous amène à le penser.

Avant toute chose, il semble indispensable de rappeler combien cette hypothèse est en contradiction avec la tradition du droit et du contentieux administratifs. La réalisation – ou la protection – des droits des citoyens se situe classiquement à l'extérieur de toute réflexion administrative. Il ne peut en être différemment quand on sait que l'action administrative est censée représenter une obligation pour

---

[50] Cela arrive dans le cas de requérants devenus célèbres à force de traquer l'illégalité administrative pour l'illégalité administrative. C'est le cas notamment et à titre d'exemple de M. Tête.

un administré. À ce titre, l'administré ne renvoie finalement qu'à un sujet qui doit obéissance et loyauté au nom de l'intérêt général que sert la personne publique. La théorie classique, avant que n'apparaisse la citoyenneté administrative, « fille » de la démocratie administrative, revenait à institutionnaliser l'exécution de la loi à l'intérieur du corps administratif. L'objectif était clair : la soumission et l'obéissance du destinataire de l'action administrative qui ne pouvait aller à l'encontre de la loi, portée par l'appareil administratif. La situation était telle que le destinataire de l'action administrative constituait, pour la personne publique, « la partie adverse »[51]. Pire, la notion d'administré comporte dans sa définition l'idée de sujet, elle renvoie à l'image d'une chose à laquelle on impose sa volonté. Il est frappant sur ce point de constater que dans la doctrine, les auteurs renvoient dans leurs propos l'administré à une chose assujettie. C'est un peu comme si l'on n'avait jamais quitté l'Ancien Régime et sa conception des relations entre le pouvoir et le peuple.

Or, la démocratie politique a réalisé d'énormes progrès ; on peut même se laisser aller à dire qu'elle s'est réalisée. Le décalage entre d'une part la démocratie politique et d'autre part, la démocratie de l'action administrative pousse à rejoindre le constat du professeur Bertand Faure selon lequel : « l'histoire de notre démocratie administrative et celle de notre démocratie politique n'ont pas évolué au même rythme »[52]. L'administration française a souffert historiquement d'un mépris profond de l'homme et du peuple en général en qui elle n'a vu que l'émanation et la réclamation d'intérêts privés. Pendant que le citoyen politique se dessinait et trouvait sa place dans une certaine représentation nationale, le même homme ne restait qu'un sujet du prince administratif et de son bon vouloir. En quelque sorte, « le domaine administratif conserva son immunité, île dont les falaises surplombent de très haut la montée du flot démocratique »[53]. Pour autant, l'administration, sous peine de faillir, doit rester attentive au corps social au service duquel elle doit

[51] P. Legendre, *Histoire de l'administration*, P.U.F., 1968, p. 522.

[52] B. Faure, « Les deux conceptions de la démocratie administrative », *R.F.D.A.*, juill.-août 2013, p. 709.

[53] J. Rivero, « A propos des métamorphoses de l'administration d'aujourd'hui : démocratie et administration », in *Mélanges offerts à René Savatier*, Dalloz, 1965, p. 826.

s'oublier. Et c'est un lieu commun que d'affirmer que l'action administrative moderne ne peut plus profiter du vecteur obligataire dans le but de réaliser sa volonté. Les enjeux macroéconomiques et sociaux que doit gérer l'administration dans nos États post-modernes[54] imposent de passer outre la conception classique afin de faire entrer le citoyen, porteur de droits, dans la maison administrative. L'administration passe du système autoritaire et hiérarchique au mode démocratique d'exercice du pouvoir. Les phénomènes de concertation, de consultation, de participation et d'information rénovés par la loi du 12 avril 2000[55] vont en ce sens. L'on confère au destinataire de l'action administrative la place qui doit être la sienne, celle d'un homme doué de raison et d'un citoyen titulaire de droits.

Le juge administratif, préoccupé par la régularité de l'action administrative doit nécessairement intégrer les modalités d'exercice de cette action afin de mieux l'encadrer par le droit. Le juge doit en quelque sorte en permanence actualiser son activité à celle qu'il contrôle : c'est un jeu de balancier, ou plus vulgairement de dominos ; ce qui a cours dans l'action administrative se répercute sur l'institution chargée de son contrôle. Ainsi, le phénomène de la démocratie administrative et l'élévation de l'administré au rang de citoyen doivent amener une nouvelle réflexion. Le juge doit se montrer plus sourcilleux, plus attentif à la protection et à la réalisation des droits des citoyens qui portent désormais en eux un certain nombre de droits dans leur relation à l'administration. Dans le cas où cette dernière manquerait à ses obligations en la matière, le juge devient naturellement l'institution en charge d'assumer la réalisation des droits. Revenons-en pour finir justement à ce phénomène de réalisation des droits par le juge et sa décision de justice.

Dans ce domaine du contentieux administratif, il existe apparemment un lien indissoluble entre les phénomènes de réalisation et les phénomènes de protection des droits des citoyens. Pourtant, l'essence même du phénomène de réparation – qu'a tendance

[54] L'expression est empruntée au professeur Chevallier dans J. Chevallier, *L'Etat post-moderne*, LGDJ, 2003.
[55] Loi n° 2000-321 du 12 avril 2000 relative aux droits des citoyens dans leurs relations avec les administrations. Il est remarquable à ce titre de noter qu'il est question des citoyens et non pas des administrés.

à pratiquer le juge – semble écarter ce Graal de la réalisation des droits.

La protection est dérivée du latin *protegere* qui signifie la défense d'une chose ou d'une personne contre un danger ou un risque. L'opération revient à dresser un rempart intellectuel ou matériel dès la présence et la constatation d'un quelconque danger. Elle est résolument tournée vers la notion de l'*a priori* contre un danger, un risque et non pas une atteinte ou une violation : la différence est essentielle. L'idée de la protection implique bien une certaine antériorité à l'action et donc à la réalisation du danger, ce que le juge administratif ne connaît pas hors des procédures d'urgence nécessairement limitées.

L'idée de réparation dérive pour sa part du latin *reparare* qui signifie la remise en l'état dans le sens d'un rétablissement d'une pureté primitive. La réparation est censée remettre en état ce qui est endommagé, violé, ou encore rétablir dans sa vigueur première et originelle un élément affaibli. D'un point de vue plus moderne et juridique, réparer vise la cessation d'un état ou d'une situation préjudiciable. Mais au-delà, ce terme possède indéniablement l'idée d'une compensation morale pour un préjudice subi dans l'expression d'une certaine mouvance religieuse. La réparation suppose alors un tort lié à une violation ou un dommage qui appelle une vengeance. Au sein de notre société civile, le moyen de la réparation – la compensation morale – s'est vu peu à peu remplacer par la notion du dédommagement financier du préjudice subi. Il est très intéressant de noter à ce titre que la notion de réparation, comme l'entend le guide du langage juridique renvoie peu ou prou à ce que l'on a pu apercevoir de l'office du juge administratif : le travail d'une remise en bon état d'une chose – ici, la chose n'est autre que le droit et l'ordonnancement juridique – ainsi que le dédommagement et l'indemnisation d'un préjudice. Si l'on colle parfaitement au cadre de l'action menée par le juge administratif, on est loin de cette idée de protection qui amène à la réalisation. Par cette généralisation de l'indemnisation qui, matériellement, comporte une nature financière et pécuniaire et par l'oubli de la remise en l'état de la situation du requérant, le juge devient en quelque sorte une commission d'indemnisation.

La situation est d'autant plus gênante qu'il est possible de penser que si la réparation est un droit, elle est aussi une fiction. Celle-ci ne représenterait effectivement qu'un équivalent qui ne remet jamais – ou trop rarement – les choses en leur état antérieur. Celui-ci ne pourra plus être recouvré dans la mesure où il se sera perdu dans les méandres de la lenteur de l'instance et du jugement. La situation est d'autant plus préoccupante qu'il existe une large tendance à la confusion du droit à la réparation du dommage subi par le citoyen et la réalisation du droit légitime dont celui-ci venait poursuivre la protection. Il faut bien marquer la différence entre la réalisation du droit du citoyen et celle de son droit à la réparation du dommage qu'il a subi.

Maurice Hauriou disait déjà dans les dernières années du 19e siècle à propos de l'administration et de la relation entre son activité et le risque d'une illégalité : « qu'elle fasse, mais qu'elle paie »[56]. Ce célèbre mot du non moins célèbre jurisconsulte toulousain décrit encore plus d'un siècle après, l'action du juge qui devient la caisse d'indemnisation généralisée de l'action administrative et des dommages qu'elle cause. À titre d'exemple, en matière contractuelle ou de travaux publics, le système de la condamnation alternative encore en vigueur aujourd'hui permet à la personne publique de choisir entre le rétablissement de l'état antérieur ou assurer le paiement d'une indemnité. La formule jurisprudentielle permet à la personne publique de verser une indemnité « si mieux n'aime l'administration à… »[57]. La réparation poursuit dès lors le rétablissement d'un équilibre détruit par le dommage. Là est la fonction occupée par le juge administratif plus que celle d'une remise en l'état. Le contentieux administratif par ce système ne vient pas défendre un droit, mais alors poursuivre la reconnaissance d'une violation de ce droit qui devra être réparée.

Ces deux notions de réparation et de protection se trouvent véritablement différentes pour ne pas dire diamétralement opposées. La protection se fait par des moyens juridiques ou matériels et devient synonyme d'une sauvegarde, seule capable d'assurer la réalisation des

---

[56]M. Hauriou, « Les actions en indemnité contre l'Etat pour préjudices causés dans l'administration publique », *R.D.P.*, 1896, p. 51.
[57]CE, 5 mars 1952, *commune de Louey*.

droits du citoyen éventuellement violés. Seule cette intervention préalable et antérieure à la réalisation du danger de violation se montrera qualifiée en vue d'une réalisation concrète et effective des droits des citoyens. Cette idée de réalisation appelle nécessairement une précaution et non pas une réparation ou indemnisation. Le juge administratif reconnaît d'ailleurs lui-même – de manière implicite – l'infirmité qui touche sa décision en cette matière. Pour preuve, ce dernier considère à propos de l'appréciation du délai raisonnable que « l'action en responsabilité engagée par le justiciable dont la requête n'a pas été jugée dans un délai raisonnable doit permettre la réparation de l'ensemble des dommages tant matériels que moraux, directs et certains, qui ont pu lui être causés et dont la réparation ne se trouve pas assurée par la décision rendue sur le litige principal »[58]. En l'espèce, le juge ouvre droit à la réparation des dommages causés tout au long de l'instance et qui sont devenus insupportables du fait de son délai raisonnable. Si le juge administratif n'ouvre pas ce droit à la réparation de l'ensemble des dommages susceptibles de se produire au cours de l'instance, il reconnaît au moins que la décision de justice n'est pas à même de rétablir le citoyen dans l'ensemble de ses droits, et notamment pour ceux qui subiront une violation tout au long de l'instance, même traitée dans un délai raisonnable.

Plus généralement, la problématique soulevée quant à l'action menée par le juge administratif à l'encontre de la personne publique renvoie finalement – c'est le cas pour la question de l'effet suspensif ou non des recours contentieux – à celle, classique, de la nature des relations entre l'administration et « son » juge. C'est justement de cette appartenance, ou du moins du lien spécial qui unit personne publique et juge administratif que découle cette organisation particulière, parce que postérieure, du contentieux administratif. L'idée implique que cette faculté beaucoup plus importante à la réparation qu'à la protection et donc à la réalisation résulte de la controverse existante à propos des relations entretenues entre les deux institutions. La question de cette mise en place d'une protection et d'une réalisation des droits revient, fatalement, à soulever le lièvre – largement déjà reconnu – de la place du juge vis-à-vis de l'administration et de la capacité de cette dernière à accepter –

[58] CE, Ass., 28 juin 2002, *Garde des Sceaux c/ Magiera*.

paradoxalement – sa soumission au droit et à une institution extérieure censée le faire respecter.

La décision de justice administrative du fait de son intervention qu'il est possible de considérer comme tardive, s'est lentement détachée du caractère protecteur qui devait lui permettre d'accéder à la réalisation des droits des citoyens. En effet, l'action de réparation, nous l'avons vu, n'est pas à même d'assurer une réalisation qui peut difficilement se dissocier de l'idée de protection, de sauvegarde. La confusion actuelle entre d'une part, la réalisation du droit à réparation des dommages et d'autre part la réalisation des droits des citoyens porte en son sein les germes d'un schéma dans lequel la décision de justice, bien qu'exécutée, ne pourra qu'imparfaitement aboutir à la réalisation des droits. Le vice évoqué d'une prédisposition mécanique à la réparation des dommages est indirectement associé à l'idée précédente d'une décision de justice participant plus à l'œuvre doctrinale ou législative qu'à l'exercice de la fonction juridictionnelle. Cette imbrication des différents vices de la décision de justice administrative qui font barrage à une éventuelle réalisation des droits des citoyens par son exécution démontre que la construction globale du système du contentieux administratif pèse sûrement sur la décision de justice. Rappelons-le, le juge ne peut donner plus que ce qu'il a ; s'il semble disposer aujourd'hui de prérogatives bien plus élargies à l'encontre de la personne publique en termes d'exécution, il subsiste toujours les vices internes à la construction de son office. Ce processus n'a pas été mené à son terme parce qu'elles renvoient à des problématiques traditionnelles de la justice administrative que l'on continue à ignorer, et ce malgré le décalage existant avec la société. Il est donc ici question de la place du juge administratif par rapport à l'administration et de son détachement définitif d'un corps qu'elle doit contrôler. Ce sont peut-être ces enjeux qu'il faudra aborder et régler dans les prochaines années si la question de la réalisation des droits des citoyens par le juge administratif doit être réglée.

PROPOS CONCLUSIFS

« De la mobilisation du fait à la réalisation du droit » : Propos conclusifs

parJean-Louis Bergel,
Professeur émérite d'Aix-Marseille Université(AMU)

« De la mobilisation du fait à la réalisation du droit » ? Le thème de ces « Doctoriades » est, décidément, ambitieux. Leur organisation par les doctorants est méritoire. Tant la conception matérielle et intellectuelle de ce colloque que son apport scientifique témoignent de l'opportunité et du grand intérêt de cette initiative de l'École doctorale.

Cette journée d'étude, consacrée à un thème fondamental et transversal, au-delà de la pernicieuse dichotomie entre droit public et droit privé, souligne heureusement le postulat de « l'unité du droit » et du lien fondamental entre la théorie et la pratique. Il est de l'essence même du droit de traiter juridiquement les faits par de constants allers-retours entre le droit et les faits qui lui sont soumis. Tout juriste, quelle que soit son activité, a pour mission de répondre à ces constantes interactions entre le système juridique et les faits humains et sociaux qu'il doit régir. La pénétration du droit positif dans le milieu social s'accomplit au plus haut point par le traitement contentieux des phénomènes sociaux, à l'occasion des litiges que les parties ne parviennent pas à régler amiablement par elles-mêmes. Le processus juridictionnel constitue le point d'orgue du règlement des rapports humains et sociaux. C'est par lui que la mobilisation du fait vers la réalisation du droit paraît la plus évidente. Dans ce colloque, elle est envisagée dans une perspective dynamique de la naissance du conflit à sa solution concrète par une décision de justice et son exécution. Cette journée a été conçue en deux temps principaux. Il s'agissait d'abord du processus conduisant du conflit à la réalisation du droit par des modes alternatifs au règlement des conflits en droit privé et en droit public ou par des procédures contentieuses. Autrement dit, de la naissance du conflit à la décision de justice, il fallait étudier « le passage du fait au droit ». Ensuite, de la décision de justice à son exécution qui matérialise son effectivité, que ce soit en droit privé ou en droit public, c'est « le retour du droit vers le fait », revu et corrigé, qu'il fallait observer.

Dans cette perspective dynamique de la résorption des conflits, les divers rapports et les débats ont mis en évidence la complexité des rapports du fait et du droit en fonction d'un double mouvement de *dichotomie* (I) et de *symbiose* (II) qu'il est nécessaire de retracer au terme de cette journée.

I. La dichotomie du fait et du droit pour la résorption des conflits

A. Distinction du fait et du droit dans le processus juridictionnel

C'est à l'occasion des conflits, dans le procès, que la confrontation du fait et du droit atteint son paroxysme, car c'est là que les parties réclament une solution de droit au litige de fait qui les oppose et c'est à cette occasion que les parties allèguent des faits contraires et demandent au juge de leur dire le droit qui s'y applique.

Dans le chapitre consacré aux « principes directeurs du procès », le code de procédure civile distingue, après « l'objet du litige », dans trois sections successives, « *les faits* » (section 3), que « les parties ont la charge d'alléguer » « à l'appui de leurs prétentions » (art. 6) et qui constituent le cadre du « débat », « *les preuves* » (section 4), afin que les parties établissent « conformément à la loi les faits nécessaires au succès » de leurs prétentions (art. 9) et « *le droit* » (section 5).

Il est essentiel de rappeler ici que le juge ne peut statuer que sur les faits qui lui sont soumis. Ainsi, le traitement des litiges dépend de la place respective du droit et du fait dans le processus juridictionnel dont l'accomplissement est subordonné à la question fondamentale des rôles respectifs des parties et du juge.

Le schéma traditionnel que reflète le principe *da mihi factum, dabotibi jus*, s'il est essentiel, ne suffit pas à traduire la réalité des choses. En effet, en pratique, il incombe aussi aux parties d'invoquer des moyens de droit et au juge de rechercher des éléments de fait. Selon l'article 15 du code de procédure civile, « les parties doivent se faire connaître... les moyens de fait sur lesquels elles fondent leurs prétentions, les éléments de preuve qu'elles produisent et les moyens de droit qu'elles invoquent... », dans le respect du principe du contradictoire. Il y a entre les parties et le juge une sorte de jeux de rôles puisque « le juge peut inviter les parties à fournir les explications de fait qu'il estime nécessaires à la solution du litige »,[1] mais aussi « les explications de droit » qui lui paraissent également nécessaires. Il en va de même en contentieux administratif, puisque les requêtes devant la juridiction administrative doivent aussi être fondées et motivées en fait et en droit.

B. Difficultés de la distinction du fait et du droit

La distinction du fait et du droit, caractérisée par celle qu'opérait Motulsky entre les prétentions juridiques des parties et leurs allégations de fait est loin d'être aussi claire qu'il n'y paraît. Il suffit de songer à cet égard au problème de preuve et à celui des moyens de cassation.

Quant à la preuve qui incombe aux parties, elle ne porte que sur les faits qu'elles allèguent au soutien de leurs prétentions, et non sur le droit que le juge est censé connaître. Néanmoins, les faits s'y colorent le plus souvent d'éléments de droit, comme c'est le cas chaque fois que les parties invoquent l'existence ou le contenu d'un acte juridique, d'un contrat civil ou administratif ou d'un acte unilatéral, par exemple.

De plus, chaque fois qu'elles se prévalent d'une loi étrangère, de coutumes ou d'usages, elles doivent en prouver l'existence, le contenu, la portée, l'interprétation..., c'est-à-dire rapporter la preuve d'éléments de droit devant le juge qui doit les appliquer.

Quant aux moyens de cassation qui, par définition, ne peuvent être que des moyens de droit, ils supposent aussi de pouvoir répartir ce qui tient de l'appréciation souveraine des faits par les

[1] Art. 8 du CPC.

juges du fond et ce qui relève de la compétence du juge de cassation qui, n'étant pas un troisième degré de juridiction, n'a pas à statuer sur les faits proprement dits.

Cependant, le traitement des faits litigieux implique nécessairement de procéder à leur qualification juridique dont dépend la solution qui doit leur être appliquée. Or, cette qualification constitue un problème de droit qui peut parfaitement fonder un pourvoi en cassation. Il s'agira ainsi de savoir, par exemple, si une convention doit être qualifiée de contrat civil ou de contrat administratif, si un droit litigieux constitue un droit personnel ou un droit réel, si l'une des parties doit être qualifiée de professionnelle ou de consommatrice ou de personne morale de droit public ou de droit privé…

Les Hauts magistrats de l'ordre judiciaire et de l'ordre administratif qui ont animé cette journée ont insisté sur l'itinéraire qu'ils doivent parcourir pour passer des faits à la décision de justice, autrement dit pour transformer une histoire de fait en solution de droit. Entre les faits et le jugement, il y a le procès que tranche le juge auquel il incombe d'apprécier les faits et d'appliquer le droit en se livrant à leur interprétation.

La grille des questions élaborée par les doctorants a bien mis en évidence l'ambivalence de la distinction et de l'interpénétration du fait et du droit. Les réponses des magistrats, quant à elles, n'ont pas dissimulé la part de subjectivité qui inspire leur décision. Les magistrats sont des êtres humains qui ne peuvent s'abstraire de leurs « tranches de vécu » (M. Gillet), le juge, à travers sa décision, faisant entendre « sa petite musique » (M. Chabanol).

Certes, le juge ne peut s'abstraire de certains débats de société pour dire le droit. La Cour de cassation a, par exemple, dû se prononcer sur la gestation pour autrui, comme le Conseil d'État, a dû se prononcer sur l'euthanasie, à propos de l'affaire Lambert. Toutefois, le juge ne doit pas se prendre pour un justicier et ne saurait fonder ses décisions sur ses propres conceptions philosophiques, politiques, économiques ou sociales. Il ne saurait davantage imposer sa propre conception de l'équité alors qu'il doit statuer en droit en préservant la sécurité et l'harmonie du système juridique.

Cela implique un certain devoir d'obéissance des juridictions subordonnées à la jurisprudence établie, sans pour autant museler une certaine liberté du juge. La juridiction du Conseil d'État, depuis l'arrêt Blanco, constitue l'ossature du droit administratif auquel les autres juridictions administratives doivent en principe se soumettre afin de préserver une nécessaire stabilité juridique. Les règles prétoriennes sont faites pour durer plus ou moins selon l'autorité des formations qui les ont établies. Ainsi, de manière quelque peu manichéenne, on a pu dire qu'un arrêt de section du Conseil d'État est fait pour durer dix ans, tandis qu'un arrêt d'Assemblée est fait pour durer vingt ans…

Le juge ne saurait être passif. Il est là pour appliquer, mais aussi pour interpréter et adapter la loi, ce qui lui confère une marge de liberté que protège son statut, mais qui ne le dispense pas de respecter strictement les exigences du système juridique, a fortiori lorsqu'il s'agit de principes généraux ou de normes précises et impératives.

La résorption des conflits impose alors une véritable symbiose du fait et du droit.

II. La symbiose du fait et du droit pour la résorption des conflits

Cette nécessaire symbiose du fait et du droit s'impose aussi bien dans le processus de décision (A) que pour l'exécution de la décision (B).

A. La symbiose du fait et du droit dans le processus de décision

La solution des conflits, à défaut d'accord des parties, procède le plus souvent d'une décision de justice qui apporte aux faits litigieux la solution juridique appropriée. Toutefois, on peut imaginer des modes de règlement des conflits associant les intéressés à la solution de leur litige plutôt que de confier celle-ci aux tribunaux. Les parties sont mieux à même que quiconque de saisir l'exacte réalité de leurs différends et d'en rechercher la solution la plus appropriée dans le cadre de procédures amiables plutôt que dans celui de contentieux.

Le droit contemporain tend ainsi à favoriser les modes alternatifs de règlement des conflits (MARC) privilégiant des règlements amiables des litiges par rapport à l'acharnement des contentieux. La décision par laquelle les faits litigieux se traitent en droit, voire en équité, consacre alors une sorte de justice contractuelle et librement consentie. Qu'il s'agisse de conciliation, de médiation, d'arbitrage ou de tous autres modes de règlements amiables des litiges, ces procédures constituent d'authentiques procédés de réalisation du droit, tant par leur fondement et leurs conditions d'exercice que par l'autorité que peut leur conférer une homologation par les tribunaux. La légitimité et la diversité de ces modes alternatifs de règlement des conflits, présentés par le professeur Strickler, ont été brillamment illustrés au cours de ce colloque par les exposés des doctorants, tant en droit privé à propos de la médiation familiale qu'en droit public par le développement des règlements conventionnels des litiges administratifs. Leur adaptation, aux conflits familiaux comme aux particularités des marchés publics ou des partenariats publics privés (PPP), et leur efficacité devraient inciter à y recourir davantage, même si la voie juridictionnelle est généralement plus praticable.

C'est alors au juge qu'il incombe de trancher les litiges « conformément aux règles de droit qui lui sont applicables »[2]. La conjonction du fait et du droit dans une décision de justice s'opère alors par la qualification juridique des faits sous l'autorité du juge, puisque celui-ci « doit donner ou restituer leur exacte qualification aux faits et actes litigieux sans s'arrêter à la dénomination que les parties en auraient proposée »[3]. C'est donc la place respective du droit et du fait dans le raisonnement juridique qu'il convient d'évoquer. Celui-ci combine la fameuse dichotomie aristotélicienne des raisonnements analytiques et dialectiques dont le syllogisme exprime la mixité qui se concrétise dans l'argumentation juridique. Dans le syllogisme juridique que constitue le jugement, les deux prémisses, la mineure, c'est-à-dire le fait, et la majeure, autrement dit le droit, commandent le jugement qui en constitue la conclusion.

Toutefois, la réalité est plus complexe et le raisonnement, comme le jugement, procède d'une chaîne de syllogismes qui se succèdent les uns aux autres en reprenant comme mineure de chacun d'eux la conclusion du syllogisme précédent.

La résorption des conflits marque ainsi l'apothéose de la symbiose du fait et du droit, autrement dit la réalisation du droit par la mobilisation du fait.

Celle-ci ne s'accomplit toutefois complètement qu'à l'occasion de l'exécution des décisions.

B. La réalisation du droit en fait par l'exécution des décisions

En justice, « ce qui compte, c'est le résultat. » La décision de justice ne saurait rester lettre morte : elle ne s'accomplit dans la réalité que par son exécution. La Cour Européenne des Droits de l'Homme consacre d'ailleurs un droit fondamental à l'exécution des décisions de justice, encore qu'il faille préciser « la notion d'exécution qu'il appartient au juge d'apprécier lorsqu'elle est contestée ».

---

[2] Art. 12 du CPC.
[3] Art. 12, al. 2 du CPC.

Qu'elle soit volontaire ou forcée, en nature ou par équivalent, provisoire ou définitive, la notion d'exécution se distingue mal de ses modalités. Néanmoins, l'exécution d'une décision de justice consiste à réaliser le dispositif de cette décision dans les faits, fût-ce par la contrainte publique, pour assurer la satisfaction du bénéficiaire de ce jugement. Cela peut consister dans l'exécution forcée d'un contrat par son débiteur lui-même ou par un tiers à ses frais, dans la démolition d'un ouvrage, dans une expulsion, dans la saisie de certains biens et, le cas échéant, leur vente pour se payer sur leur prix…

Les problèmes de l'exécution provisoire méritaient une attention particulière. Ils se situent au confluent de l'exécution des décisions de justice et de leur éventuelle remise en cause par des voies de recours. L'effectivité du jugement et la sécurité de la partie qui triomphe impliqueraient de l'exécuter en dépit de l'existence de voies de recours. En revanche, en cas d'erreurs des premiers juges, une telle exécution s'exercerait au détriment des droits de son adversaire. Ainsi, se pose la question de la généralisation de l'exécution provisoire pour une meilleure effectivité de la justice ou du caractère suspensif des voies de recours pour une meilleure préservation des droits des parties. Même pour dissuader les parties de recours dilatoires, ce serait un coup de force de la justice et une atteinte aux droits fondamentaux des plaideurs que d'imposer le principe de l'exécution provisoire qui ne saurait qu'être réservée à des procédures particulières ou abandonnée à la sagesse du juge.

Quoi qu'il en soit, l'efficacité de la justice se mesure à l'aune de la bonne exécution de ses décisions. Cela est flagrant en matière contractuelle où le droit positif et la pratique offrent des instruments efficaces de contrainte des parties défaillantes. L'un des doctorants l'a fort bien montré dans son exposé, mettant en évidence le caractère exécutoire de l'acte authentique, l'effet comminatoire de la clause pénale, l'efficacité de la résolution, l'utilité des dommages et intérêts, voire de l'astreinte que le droit positif met à la disposition du juge.

Deux des autres doctorants ont montré, en droit public, combien la protection du citoyen face à l'administration peut souffrir des infirmités qui grèvent la décision du juge administratif pour conduire à une concrétisation satisfaisante de ses effetsen droit. Il est vrai, comme l'a fort bien montré une doctorante, qu'à l'heure actuelle le droit positif s'efforce de renforcer les pouvoirs du juge administratif pour favoriser l'exécution de ses décisions, le juge administratif disposant désormais de pouvoirs d'injonction à l'égard de l'administration et de possibilités plus larges d'intervention rapide par le développement du référé.

En revanche, en dépit de toutes les institutions destinées à renforcer leur pouvoir d'injonction et de contrainte, dans des matières aussi diverses que le droit de la concurrence ou les limites à la souveraineté des États, l'efficacité et l'effectivité des décisions des juridictions européennes laissent beaucoup à désirer.

C'est dire combien les travaux de ce colloque sur la mobilisation du fait à la bonne réalisation du droit sontriches d'enseignement, mais la véritable question n'est-elle pas, à l'inverse, celle de la mobilisation du droit à une réalisation satisfaisante des faits ?

Cela pourrait-être le thème de prochaines « Doctoriades », aussi méritoires et fructueuses que celles-ci dont il faut féliciter les doctorants, au premier chef, sans oublier leurs maîtres…

Table des matières

L'HARMATTAN ITALIA
Via Degli Artisti 15; 10124 Torino

L'HARMATTAN HONGRIE
Könyvesbolt ; Kossuth L. u. 14-16
1053 Budapest

L'HARMATTAN KINSHASA
185, avenue Nyangwe
Commune de Lingwala
Kinshasa, R.D. Congo
(00243) 998697603 ou (00243) 999229662

L'HARMATTAN CONGO
67, av. E. P. Lumumba
Bât. – Congo Pharmacie (Bib. Nat.)
BP2874 Brazzaville
harmattan.congo@yahoo.fr

L'HARMATTAN GUINÉE
Almamya Rue KA 028, en face
du restaurant Le Cèdre
OKB agency BP 3470 Conakry
(00224) 657 20 85 08 / 664 28 91 96
harmattanguinee@yahoo.fr

L'HARMATTAN MALI
Rue 73, Porte 536, Niamakoro,
Cité Unicef, Bamako
Tél. 00 (223) 20205724 / +(223) 76378082
poudiougopaul@yahoo.fr
pp.harmattan@gmail.com

L'HARMATTAN CAMEROUN
BP 11486
Face à la SNI, immeuble Don Bosco
Yaoundé
(00237) 99 76 61 66
harmattancam@yahoo.fr

L'HARMATTAN CÔTE D'IVOIRE
Résidence Karl / cité des arts
Abidjan-Cocody 03 BP 1588 Abidjan 03
(00225) 05 77 87 31
etien_nda@yahoo.fr

L'HARMATTAN BURKINA
Penou Achille Some
Ouagadougou
(+226) 70 26 88 27

L'HARMATTAN SÉNÉGAL
10 VDN en face Mermoz, après le pont de Fann
BP 45034 Dakar Fann
33 825 98 58 / 33 860 9858
senharmattan@gmail.com / senlibraire@gmail.com
www.harmattansenegal.com

L'HARMATTAN BÉNIN
ISOR-BENIN
01 BP 359 COTONOU-RP
Quartier Gbèdjromèdé,
Rue Agbélenco, Lot 1247 I
Tél : 00 229 21 32 53 79
christian_dablaka123@yahoo.fr

Achevé d'imprimer par Corlet Numérique - 14110 Condé-sur-Noireau
N° d'Imprimeur : 131660 - Dépôt légal : septembre 2016 - *Imprimé en France*

www.ingramcontent.com/pod-product-compliance
Lightning Source LLC
LaVergne TN
LVHW011031061026
849535LV00006B/2060